LA

BOULANGÈRE
A DES ÉCUS

OPÉRA-BOUFFE

Représenté, pour la première fois, à Paris, sur le théâtre des Variétés, le 5 août 1875.

MICHEL LÉVY FRÈRES, ÉDITEURS

DES MÊMES AUTEURS

FORMAT GRAND IN-18

BARBE-BLEUE, opéra-bouffe en trois actes. . . . . . 2 »
LA BELLE HÉLÈNE, opéra-bouffe en trois actes. . . . 2 »
LA BOULE, comédie en quatre actes . . . . 2 »
LE BOUQUET, comédie en un acte 1 50
LES BREBIS DE PANURGE, comédie en un acte 1 50
LE BRÉSILIEN, comédie en un acte. 1 50
LES BRIGANDS, opéra-bouffe en trois actes. . . . . 2 »
CARMEN, opéra-comique en quatre actes . . . . . . 1 »
LE CHATEAU A TOTO, opéra-bouffe en trois actes . . 2 »
LA CLÉ DE MÉTELLA, comédie en un acte 1 50
LA DIVA, opéra-bouffe en trois actes. . . . . 2 »
L'ÉTÉ DE LA SAINT-MARTIN, comédie en un acte . . 1 50
FANNY LEAR, comédie en cinq actes . . . . 2 »
FROUFROU, comédie en cinq actes . . . . 2 »
LA GRANDE-DUCHESSE DE GÉROLSTEIN, opéra-bouffe en trois actes. . . . . 2 »
L'INGÉNUE, comédie en un acte 1 50
MADAME ATTEND MONSIEUR, comédie en un acte . . 1 50
LA MI-CARÊME, folie en un acte 1 50
LE PASSAGE DE VÉNUS, leçon d'astronomie en un acte. 1 50
LA PÉRICHOLE, opéra-bouffe en trois actes. . . . . 2 »
LA PETITE MARQUISE, comédie en trois actes. . . . 2 »
LE PHOTOGRAPHE, comédie en un acte. . . . . . . 1 »
LE RÉVEILLON, comédie en trois actes . . . . 2 »
LE ROI CANDAULE, comédie en un acte 1 50
LES SONNETTES, comédie en un acte 1 50
TOTO CHEZ TATA, comédie en un acte 1 50
LE TRAIN DE MINUIT, comédie en deux actes. . . . 1 50
TRICOCHE ET CACOLET, vaudeville en cinq actes. . . 2 »
LA VEUVE, comédie en trois actes . . . . 2 »
LA VIE PARISIENNE, opéra-bouffe en cinq actes . . . 2 »

CHATILLON-SUR-SEINE. — IMPRIMERIE E. CORNILLAC

LA

BOULANGÈRE

A DES ÉCUS

OPÉRA-BOUFFE EN TROIS ACTES

PAR

HENRI MEILHAC & LUDOVIC HALÉVY

MUSIQUE DE

JACQUES OFFENBACH

PARIS

MICHEL LÉVY FRÈRES, ÉDITEURS

RUE AUBER, 3, PLACE DE L'OPÉRA

LIBRAIRIE NOUVELLE

BOULEVARD DES ITALIENS, 15, AU COIN DE LA RUE DE GRAMMONT

1875

PERSONNAGES

BERNADILLE	MM.	DUPUIS.
LE COMMISSAIRE		PRADEAU.
CRIQUEBERT		BARON.
FLAMMÈCHE		BERTHELIER.
DÉLICAT		LÉONCE.
PACOT		GAUSSINS.
UN FINANCIER		BAC.
UN VOLEUR		BORDIER.
JACQUOT		NOIROT.
MARGOT	Mme	AIMÉE.
TOINON		PAOLA MARIÉ.
RAVANNES, page du duc d'Orléans		HEUMANN.
PAGES DU DUC D'ORLÉANS		GHINASSI.
		LAVIGNE.
		STELLA.
		DAX.
		VALPRÉ.
		DELORME.
		DIEULE.
		MARIA.
		CLERVILLE.
BOULANGÈRES		GEFFROY
		PÉRA.
		JULIA.
		BILLY.
		LEFEBVRE.
		DEFLARS.
UNE GRISETTE		ESTRADÈRE.

GRISETTES, SOLDATS DU GUET, EXEMPTS, ETC.

La scène à Paris, en 1718.

S'adresser pour la mise en scène détaillée, à M. Deltombe, régisseur général du théâtre des VARIÉTÉS.

LA BOULANGÈRE
A DES ÉCUS

ACTE PREMIER

LES PILIERS DES HALLES

A gauche, le cabaret de Toinon. — Au-dessus du cabaret, fenêtre et balcon praticable. — Au fond, les piliers des halles.

SCÈNE PREMIÈRE

VOLEURS, LE FINANCIER, RAVANNES,
LES PAGES DU RÉGENT.

Au lever du rideau le cabaret est fermé. — Il fait nuit ; lentement, un à un, une dizaine de voleurs entrent en scène.

CHŒUR DES VOLEURS

Sur cette place solitaire
Avançons-nous à pas de loup,
Et voyons si l'on ne peut faire
En cet endroit quelque bon coup.
Chut, chut, chut !

Halte-là!
Qui vient là?
Un mondor
Cousu d'or,
Un traitant
Bien portant.
Cachons-nous.
Les bijoux,
Les écus
Du Crésus
Vont bientôt
Faire un saut,
De sa poche dans notre poche.
Il approche, il approche,
Chut! chut! chut!

Ils se cachent derrière les piliers. — Arrive un gros financier fort bien mis et marchant d'un pas délibéré.

LE FINANCIER.

Après un bon dîner, il n'est rien de plus sain
Que de rentrer à pied, m'a dit mon médecin.

Cela dit, le financier va reprendre sa course interrompue, mais quand il se retourne, il voit une dizaine de pistolets braqués sur lui. Il se met à trembler de tous ses membres. Les voleurs avec beaucoup de douceur lui enlèvent sa montre, ses bijoux, son argent, son chapeau, sa canne, son habit, sa cravate, son gilet. Ils font mine de commencer à lui enlever sa culotte. — Supplications du financier. — Il gardera sa culotte; les voleurs l'invitent à déguerpir, il se sauve en courant; on lui enlève sa perruque. Au moment où il détale, on entend le chœur suivant chanté dans la coulisse par les pages du Régent; les voleurs immobiles écoutent.

CHŒUR DES PAGES, au dehors.

Nous avons chez la Cydalise
Fait ce soir une chère exquise,
Et maintenant
Riant,
Chantant,

Nous rentrons chez nous
Bras dessus dessous.

UN VOLEUR.

Qui vient là ?

UN AUTRE VOLEUR.

Des enfants...
Les pages du duc d'Orléans.

Les voleurs se cachent de nouveau derrière les piliers. Paraissent Ravannes et les autres pages. Ils sont légèrement, très-légèrement gris. — Ils entrent en chantant en chœur.

LES PAGES.

Nous avons chez la Cydalise
Fait ce soir une chère exquise,
Et maintenant
Riant,
Chantant,
Nous rentrons chez nous
Bras dessus dessous.

Les voleurs se sont approchés et, le pistolet à la main, ils entourent les pages comme ils entouraient tout à l'heure le financier.

LES VOLEURS.

Çà, messieurs, la bourse ou la vie!

LES PAGES, éclatant de rire.

La bourse ou la vie!
Ah! la bonne plaisanterie!

LES VOLEURS.

Non, ce n'est pas une plaisantérie,
Messieurs les pages du Régent,
Il faut nous donner votre argent.

LES PAGES.

Notre argent.

LES VOLEURS.

Votre argent.

RAVANNES.

I

Si je comprends ce que parler,
Ce que parler veut dire,
Votre but est de nous voler;
C'est à pouffer de rire.
Dans nos poches, mes bons fripons,
Fouillez à votre guise,
Il n'y reste rien... nous sortons
De chez la Cydalise.
Pauvres maladroits,
Où la femme a passé, le voleur perd ses droits.

TOUS, VOLEURS et PAGES.

Pauvres maladroits,
Où la femme a passé, le voleur perd ses droits.

Sur la dernière note, les pages retournent leurs poches et montrent aux voleurs qu'elles sont absolument vides.

RAVANNES.

II

Qu'on veuille piller un amant
Qui court chez sa maitresse,
Très-bien; mais après, c'est vraiment,
Par trop de maladresse.
Sur l'honneur, messieurs les brigands,
Souffrez qu'on vous le dise,
Vous n'êtes que de vrais enfants
Près de la Cydalise.
Pauvres maladroits,
Où la femme a passé, le voleur perd ses droits.

TOUS, *répétition du jeu de scène des poches vides.*

Pauvres maladroits,
Où la femme a passé, le voleur perd ses droits.

Le jour a commencé à venir pendant les couplets du page.

UN VOLEUR.

Cette maxime est des plus sages,
Au revoir donc, messieurs les pages.

LES PAGES.

Au revoir, messieurs les filous,
Voici le jour, rentrons chez nous.

TOUS.

Voici le jour rentrons chez nous.

LES PAGES.

Au revoir,
A ce soir.

LES VOLEURS.

Au revoir,
A ce soir.

CHŒUR.

LES PAGES.

Voici le jour, rentrons,
Rentrons tous et dormons;
Mais ce soir, compagnons,
Nous recommencerons
Et nous retournerons
Là d'où nous arrivons.

LES VOLEURS.

Voici le jour, rentrons,
Rentrons tous et dormons;
Mais ce soir, compagnons,
Ici nous reviendrons,
Ce soir nous reprendrons
Nos opérations.

Sortie des pages et des voleurs. — Les pages se tenant par le bras. Les voleurs un à un se dispersent. — Un des voleurs, le plus petit, reste en scène le dernier. Au moment de partir, il s'arrête, écoute, regarde. Il entend des pas. — Il voit venir quelqu'un. Un bon coup à faire à lui tout seul. Paraît Bernadille. Il entre rapidement, inquiet, effaré, tenant son mouchoir à la main. Le petit voleur, qui est caché derrière un pilier, sort de sa cachette et s'élance sur Bernadille. Bernadille empoigne le petit voleur, lui arrache des mains son pistolet, puis, de la main gauche, secoue violemment le petit voleur par le collet, tandis que, de la main droite, il s'évente tranquillement avec son mouchoir; après quoi il jette dehors le petit voleur avec un grand coup de pied. Le petit voleur: en se sauvant s'écrie: Ça n'a pas réussi.

SCÈNE II

BERNADILLE, *seul.*

Il est bête, ce petit voleur... Il est bête de s'attaquer à moi qui suis plus fort que lui... Il est bête surtout de s'attaquer à moi dans un moment où je suis de mauvaise humeur... C'est épouvantable ce qui m'arrive! Je suis poursuivi, traqué, toute la police du Régent est sur pied à cause de moi... N'allez pas croire cependant que je suis un tire-laine comme ces messieurs... Oh! non, c'est politique, moi, c'est purement politique.... mais on ne m'en poursuit qu'avec plus d'activité... j'ai pu échapper à ces deux escogriffes qui me serraient de près... mais ils me rattraperont, ces deux escogriffes... avec ces deux-là il en reviendra d'autres et je finirai par être pris... c'est inévitable. Certainement, si ma petite Toinon, la cabaretière qui demeure là, si ma petite Toinon que j'adore, ne consent pas à me donner asile, je suis perdu. Et ce sera ma faute! Je vous demande un peu ce que j'allais faire, moi, un perruquier, dans la conspiration de monsieur de Cellamare! (*Il appelle tout doucement, tout en regardant autour de lui.*) Hum! Toinon! Toinon!... Elle ne m'entend pas... ou bien elle ne veut pas m'entendre... Elle doit être furieuse... il y a huit jours qu'elle ne m'a vu... Elle doit croire que je lui ai fait des traits... Pauvre Toinon, elle ne se doute pas, elle ne peut pas se douter que si je suis resté huit jours sans frapper à cette porte, c'est que j'étais en train de conspirer avec monsieur de Cellamare! Hum! hum!... Toinon! (*Toinon ouvre une fenêtre et paraît sur le balcon.*) Ah! la voici!...

SCÈNE III

BERNADILLE, TOINON, *sur le balcon.*

TOINON, *furieuse.*

Te voilà, pendard!

BERNADILLE, *à part.*

Qu'est-ce que je vous disais... elle est furieuse.

TOINON.

Te voilà, sacripant! Te voilà, coureur! D'où viens-tu? Qu'est-ce que tu as fait pendant ces huit jours?

BERNADILLE.

Je te le dirai quand tu m'auras ouvert la porte.

TOINON.

Vraiment... quand je t'aurai ouvert la porte... tu t'imagines que je consentirai encore à te recevoir...

BERNADILLE.

Oui, Toinon, tu y consentiras... quand je t'aurai tout expliqué, tu y consentiras.

TOINON.

Jamais de la vie! Tout ce que je peux faire, c'est de descendre, afin d'écouter l'explication.

BERNADILLE.

J'aimerais mieux te la donner dans ta chambre.

TOINON.

Moi, j'aime mieux l'entendre en plein air... attends-moi là...

BERNADILLE.

Toinon... ma petite Toinon...

TOINON.

Attends-moi là, te dis-je... je m'habille et je descends!...

Elle rentre et ferme la fenêtre.

SCÈNE IV

BERNADILLE.

J'aurais mieux aimé lui donner l'explication dans sa chambre, parce que dans sa chambre... j'aurais été en sûreté, tandis qu'ici... Les voilà, mes deux escogriffes, les voilà... (*Il se cache derrière un pilier. — Musique de scène. — Paraissent, arrivant l'un par la droite, l'autre par la gauche, Flammèche et Délicat. — Ils* entrent rapidement, vont furetant dans tous les coins... se réunissent au milieu de la scène, et là, par gestes, s'interrogent, se consultent. — Ils n'ont pas trouvé. — Ils vont chercher encore. — Ils remontent... cherchent sous les piliers. — Bernadille en serpentant derrière les piliers réussit à leur échapper. — Ils redescendent en scène, se consultent encore une fois, se séparent brusquement, sortent chacun en courant l'un par la droite, l'autre par la gauche. — Dès qu'ils sont sortis Bernadille reparaît, s'essuyant le front. — Épouvanté.) Ah! mon Dieu! ah! mon Dieu! c'est ma faute après tout! Je vous demande un peu ce que j'allais faire dans la conspiration de... mais voilà ce qu'on gagne à fréquenter les grandes dames. Il y a huit jours, je me trouvais à Sceaux, chez la duchesse du Maine. C'est moi qui la coiffe... Et, en attendant que madame la duchesse eût le temps de se faire coiffer, on m'avait fourré dans un petit cabinet. La porte en était entr' ouverte, si bien que je pouvais voir et entendre ce qui se passait dans la chambre à côté... Qui y avait-il? je vous le demande? D'abord, madame la duchesse du Maine, elle-même, en personne, et puis monsieur le cardinal de Polignac, l'abbé Brigaud et deux ou trois autres... tous conspirateurs... ils parlaient de ce qu'ils avaient l'intention de faire... c'était simple comme tout... enlever le régent, l'enfermer dans une forteresse, donner la régence à Sa Majesté Philippe V, roi d'Espagne, convoquer les Etats-Généraux... un tas de bêtises, quoi!... Il paraît que tout ça était convenu avec un certain Albéroni, un ancien marmiton qui a fait son chemin dans les ambassades... Et puis monsieur de Cellamare par ci, monsieur de Cellamare par là... tant qu'il ne fut question que de parler, ça alla très-bien... mais, madame la duchesse s'étant avisée de demander quel était celui de ces messieurs qui se chargerait d'attacher le grelot, c'est-à-dire d'empoigner le régent, il y eut un grand silence... Ce sera donc moi, dit-elle... Puisque vous avez peur ce sera moi. Et elle était superbe, en disant cela... toute petite, mais superbe... Alors je ne sais pas ce qui se passa en moi... j'eus honte positivement, j'eus honte de voir une petite femme montrer tant de courage, tandis que moi, un grand gaillard... je poussai la porte, j'entrai : Non, madame, m'écriai-je, ce ne sera pas vous qui attacherez le grelot, ce sera moi, votre perruquier!.. C'était bête comme tout ce que je faisais là, mais qu'est-ce que vous voulez? Il y a comme ça des instants dans la vie où l'on ne peut pas s'empêcher de faire des bêtises; c'est ce que l'on appelle l'enthousiasme ; je m'attendais à être jeté à la porte, pas du tout, on m'entoura, on me complimenta... madame la duchesse me permit de lui baiser la main, et monsieur le cardinal de Polignac me promit que ce serait moi désormais qui lui fournirais toutes ses perruques. Par exemple, quand je voulus m'en aller pour venir retrouver ma petite Toinon, on me déclara que c'était impossible... Non, non, vous ne partirez pas...vous en êtes maintenant de la conspiration, vous en êtes... et pendant huit jours on me garda au château. Enfin hier soir on me dit qu'il se présentait une occasion favorable. Le régent, revenant de chez madame de Parabère, c'est sa Toinon à lui, devait traverser le bois de Boulogne à quatre heures du matin. Ce matin donc, à trois heures et demie, je me trouvais sur le chemin qu'il devait suivre... on nous montre une voiture qui arrivait au grand trot... il est là, nous dit-on, il est là, le voilà! nous nous élançons, et tout aussitôt, pif, paf!... ta ra ta ta... nous sommes salués par une volée de coups de fusil.., des soldats du guet paraissent de tous les côtés... si nous détalons alors, je vous le demande... je galope, mon cheval tombe, je continue ma route à toutes jambes et enfin j'arrive ici... Voilà ce que c'est que la conspiration de monsieur de Cellamare! Peut-être bien que les historiens la raconteront d'une autre manière, mais, vous pouvez m'en croire, voilà ce que c'est. (Entre Toinon.) Ah! voici Toinon...

SCÈNE V

BERNADILLE, TOINON.

Toinon croise les bras et, sans dire un mot à Bernadille, le regarde avec fureur.

DUETTO et COUPLETS.

TOINON.

Ainsi, te voilà. I.

BERNADILLE.

Me voilà.

TOINON.

Et t'as cru qu'ça s' passerait comme ça?

BERNADILLE.

Ah! ma chère,
Pas de colère,
Si vous commencez sur ce ton,
Comment finirez-vous?...

TOINON.

Oui, vous avez raison.
Sur moi j'saurai prendr' de l'empire,
Monsieur, et c' que j'ai à vous dire
Je le dirai bien posément,
Bien doucement.

BERNADILLE, voulant la prendre dans ses bras.

Oui, c'est cela, bien posément,
Bien doucement.

ENSEMBLE, très-piano.

Bien doucement,
Bien posément,
Bien doucement,
Bien posément.

TOINON, s'échappant des bras de Bernadille et éclatant.

I

Donc après huit grands jours d'absence,
Brigand, te voilà revenu.
Qu'as-tu fait, gibier de potence,
Oui, qu'as-tu fait d'puis qu'on n' t'a vu?
Trompeur! traître! menteur! infâme!
J'en suis sûr', j'offrirais d' parier
Qu' tu viens encor' de chez un' femme?
Tu vas p't-être essayer de l'nier!

Eh! bien, voyons? parl', dis qu' qu'chose,
Mais quoi qu' tu dis's, sache-le bien,
Que j' n'en croirai rien et pour cause,
Non, brigand, je n'en croirai rien!...
T'auras beau prendre un air honnête,
A tout j' répondrai : non, non, non!!...

BERNADILLE.

Voyons, Toinon, voyons, Toinette!

TOINON.

Y a pas d' Toinette, y a pas d' Toinon!

BERNADILLE.

Calmons-nous, Toinette et Toinon.

TOINON.

Y a pas d' Toinette, y a pas d' Toinon,
Eh! bien, parl'.

BERNADILLE.

Parler, à quoi bon?
Puisque tu ne veux rien entendre.

TOINON.

Essaie au moins de te défendre.

BERNADILLE.

Quoi! me défendre, ma foi non,
J'aime bien mieux tout avouer.

TOINON.

C'est donc vrai. Tu viens de chez un' femm'.

BERNADILLE.

De chez deux femmes,
De chez trois femmes,
De chez quatr' femmes,
De chez cinq femmes....

TOINON, l'interrompant.

Faut-il que j' sois bêt' de t'aimer,
Malgré tes procédés infâmes,
Mais je n' peux pas m'en empêcher
Et j'en conviens bien humblement,
Bien lâchement.

BERNADILLE.

Bien doucement.

TOINON.

Bien lâchement.

BERNADILLE.

Bien gentiment,
Bien doucement.

TOINON.

II

C'est pas gentil d'user d' ta force
Contre quelqu'un d'aussi faible que moi,
Tu vois qu' c'est en vain que j' m'efforce
De r'prendre un cœur qu'est tout à toi.
Hélas! j'ai beau dire et beau faire,
T'es là, j' peux pas t'en arracher;
Si t'étais pas dur comme un' pierre,
Un tel aveu devrait t'toucher!
Je m'fâche et je cri', mais à ta vue
Je r'deviens souple comme un gant.
C'est que, vois-tu, j' t'aim' comme un' perdue,
Je t'aim' que c'en est révoltant!
J' t'aim' comme une foll', j' t'aim' comme un' bête,
J' t'aim' d'un amour qui n'a pas d' nom.

BERNADILLE.

Voyons, Toinon, voyons, Toinette.

TOINON, émue.

Embrass' Toinette, embrass' Toinon.

BERNADILLE.

Calmons-nous, Toinette et Toinon.

TOINON.

Embrasse Toinette et Toinon.

ENSEMBLE.

TOINON.

Embrass' Toinon, embrass' Toinette,
Embrasse Toinette et Toinon.

BERNADILLE.

J'embrass' Toinon, j'embrass' Toinette,
J'embrasse Toinette et Toinon!

BERNADILLE.

Là, maintenant que tu es redevenue raisonnable, si nous rentrions, hé? je t'assure que nous ferions bien.

TOINON.

Pas avant que tu m'aies dit son nom.

BERNADILLE.

Quel nom ?

TOINON.

Le nom de la femme avec qui tu m'as trompée.

BERNADILLE.

Mais je ne t'ai pas trompée.

TOINON, incrédule.

Ah!

BERNADILLE.

Tu sais bien que je t'aime et que je t'aimerai toujours.

TOINON.

Oui, je le sais, tu n'aimes que moi, mais tu as beau n'aimer que moi, tu es faible et dès qu'une autre femme te fait remarquer qu'elle te trouve... à son goût...

BERNADILLE, riant.

Ah! bien, il est bien clair que dès qu'une autre femme...

TOINON furieuse.

Il en convient.

BERNADILLE.

Il ne faut pas nous en demander trop non plus... à nous autres, faibles hommes; il est bien clair que dès qu'une femme nous fait comprendre... nous ne pouvons vraiment pas... nous aurions l'air bête.

TOINON.

Ainsi, tu avoues... tu avoues que pendant les huit jours qui viennent de se passer...

BERNADILLE, en colère.

Tu veux le savoir décidément, tu veux le savoir, ce que j'ai fait pendant ces huit jours... tu veux le savoir!... Eh! bien, je vais te le dire... j'ai conspiré...

TOINON.

Hein?

BERNADILLE.

J'ai conspiré avec monsieur de Cellamare.

TOINON.

Avec monsieur?...

BERNADILLE.

Avec madame la duchesse du Maine, avec monsieur le cardinal de Polignac, avec monsieur Alberoni, avec le roi d'Espagne.

Délicat et Flammèche reparaissent au fond.

TOINON.

Qu'est-ce que ça veut dire, tout ça?

BERNADILLE, à voix basse.

Ça veut dire... ça veut dire qu'on me cherche, et que si ces deux hommes que j'aperçois là-bas me trouvent ici, je serai pendu... Voilà ce que ça veut dire.

TOINON.

Ah! mon Dieu!...

Elle tombe dans les bras de Bernadille.

BERNADILLE.

Allons bon, il ne nous manquait plus que ça... mais si tu t'évanouis, petite bête... je serai obligé de rester là pour te porter secours et on me pincera.

TOINON, se relevant brusquement.

Tu as raison! je serai forte... entre chez moi, vite, vite... et cache-toi.

BERNADILLE.

Enfin!! (S'arrêtant à la porte.) Et de la prudence, n'est-ce pas?... On essaiera de te faire causer... de la prudence...

TOINON.

N'aie pas peur ! (Bernadille entre dans la maison.) Il a conspiré! j'ai un amant qui conspire !... Ah! depuis que je sais cela, il me semble que je l'aime mille fois davantage.

BERNADILLE, ouvrant la fenêtre et paraissant sur le balcon.

Et de la prudence, n'est-ce pas? de la prudence!

TOINON.

Eh! oui... mais cache-toi donc!

Bernadille disparait. — Délicat et Flammèche descendent en scène.

SCÈNE VI

TOINON, DÉLICAT, FLAMMÈCHE, puis JACQUOT.

FLAMMÈCHE.

C'est lui, n'est-ce pas?

DÉLICAT.

Je crois que c'est lui; cependant je ne suis pas sûr... il a bien le costume de l'homme que nous cherchons, mais comme nous n'avons pu distinguer les traits...

TOINON, à part.

C'est de lui que l'on parle.

Elle retourne vers sa boutique.

FLAMMÈCHE.

Attendons le chef, puisque nous ne sommes pas sûrs... Il nous dira ce que nous devons faire.

DÉLICAT.

Attendons, j'en profiterai pour m'occuper un peu de mes affaires personnelles... C'est trop fort cela... être l'aigle de la police, savoir que ma femme a un amant et ne pas pouvoir arriver à savoir qui est cet amant... c'est trop fort, c'est trop fort!

FLAMMÈCHE.

Tu cherches toujours?

DÉLICAT.

Oui.

FLAMMÈCHE.

Et tu ne trouves pas?

DÉLICAT.

Non, mais à force de chercher je trouverai. Qui ça peut-il être! qui ça peut-il être!

Flammèche et Délicat se promènent sans perdre la maison de vue.

TOINON, *à part.*

Ils ne s'en vont pas... ils tournent autour de moi... ils me regardent... Allons, allons, ne nous laissons pas troubler... les halles commencent à se remplir, il faut ouvrir mon cabaret et servir les pratiques comme si de rien n'était. (*Appelant quelqu'un qui est dans le cabaret.*) Jacquot, Jacquot, est-ce que tu n'es pas réveillé! Jacquot !

JACQUOT, *paraissant sur la porte.*

Si fait, mam'zelle!

TOINON, *avec une gaîté forcée.*

Enlève les volets, mon garçon, enlève les volets... Allons, Jacquot, allons...

JACQUOT.

Vous êtes gaie, ce matin !

TOINON, *regardant les deux exempts qui sont toujours là.*

Certainement, Jacquot, je suis gaie, je suis très-gaie!

Elle entre, Jacquot enlève les volets, prépare les tables. Pendant ce temps le théâtre s'est rempli : les marchands s'installent, les acheteurs arrivent.

SCÈNE VII

MARCHANDES, ACHETEURS, FLAMMÈCHE, DÉLICAT, puis LE COMMISSAIRE.

CHOEUR.

Sous les piliers de la halle,
Chaque marchande s'installe
Et déballe

Volailles, poissons bien frais,
Choux, escarolles, panais,
Et navets.

Les acheteurs entourent les marchandes ; une dizaine d'agents de police vêtus de grandes houppelandes grises, vont et viennent dans la foule. Parait le commissaire déguisé en bon bourgeois.

LES AGENTS.

Monsieur le commissaire,
Sous ce déguisement!
Ici que vient-il faire
Mystérieusement ?

LE COMMISSAIRE.

I

Ah! le beau temps que la Régence,
Le beau temps pour les gens d'esprit,
D'un bout à l'autre de la France
On conspire, on aime et l'on rit.
Politique et galanterie,
Papiers d'État et billets doux,
On parle bas, on chante, on crie,
La police en est aux cents coups.
Marchant, glissant à petits pas,
Oreille ouverte, regards louches,
Écoutant ce qu'on dit tout bas,
Voici les mouches,
Les mouches,
Les mouches!

Flammèche, Délicat et une dizaine d'escogriffes sortent de la foule à la fin du couplet et viennent chanter le refrain.

TOUS.

Marchant, glissant à petits pas,
Oreille ouverte, regards louches,
Écoutant ce qu'on dit tout bas,
Voici les mouches,

Les mouches,
Les mouches!

LE COMMISSAIRE.

II

Monsieur a juré sur son âme
Qu'il renverserait le régent.
Pendant qu'il le jure, madame
Se masque et court chez un amant.
Et nous, en souquenilles grises,
Nous avons l'œil par tout Paris
Sur les caprices des marquises
Et sur les complots des marquis.

TOUS, même jeu de scène.

Marchant, glissant,
Etc., etc.

Sur ce dernier refrain, les groupes se dispersent lentement et tout le monde finit par sortir de scène, excepté le commissaire, Flammèche et Délicat.

SCÈNE VIII

LE COMMISSAIRE, FLAMMÈCHE, DÉLICAT, puis TOINON et JACQUOT.

LE COMMISSAIRE.

Eh bien, messieurs ?...

DÉLICAT.

Eh bien, mon commissaire, figurez-vous que je ne peux pas arriver à savoir qui c'est... Je suis sûr que madame Délicat, ma femme, a un amant... quant à cela j'en suis aussi sûr... mais figurez-vous que je ne peux pas arriver...

LE COMMISSAIRE, en riant.

Je ne vous parle pas de l'amant de votre femme, monsieur Délicat, je vous parle de notre conspirateur.

DÉLICAT, cherchant.

Votre conspirateur, mon commissaire. Ah ! oui, ! j'y suis, nous croyons qu'il est là.

LE COMMISSAIRE.

Comment, vous croyez...

FLAMMÈCHE.

Nous sommes bien sûrs qu'un homme vient de se cacher là, dans la chambre de mademoiselle Toinon, la cabaretière; mais nous ne sommes pas sûrs que cet homme soit notre homme.

LE COMMISSAIRE.

Et vous ne vous êtes pas informés ? Vous n'avez pas fait bavarder les voisins ?

FLAMMÈCHE.

Si fait, mon commissaire. — Tout ce que nous avons pu découvrir, c'est que mademoiselle Toinon a un amoureux, et que cet amoureux ressemble fort au particulier qui est là-haut.

LE COMMISSAIRE.

Rien de plus simple alors... Il nous suffira de causer avec mademoiselle Toinon et de voir si elle se trouble. Hé ! la cabaretière !

FLAMMÈCHE, DÉLICAT.

Hé ! la cabaretière !

LE COMMISSAIRE.

Est-ce qu'elle n'est pas là, la cabaretière ?

TOINON, entrant.

Ce sont nos hommes de tout à l'heure, prenons garde. Que désirez-vous, messieurs ?

LE COMMISSAIRE.

Venez un peu ici, la cabaretière ; venez un peu ici, je vous prie; pas vrai, qu'elle est gentille, monsieur Flammèche, et que vous voudriez bien avoir à vous une petite femme comme ça ?...

FLAMMÈCHE.

J'aimerais mieux en avoir plusieurs...

LE COMMISSAIRE.

Qu'est-ce que c'est?... Je vous demande pardon pour mon ami, mademoiselle, je vous demande bien pardon !

TOINON, riant.

Je vois qu'en effet, vous êtes de joyeux compères, (Montrant Délicat qui a une mine lugubre.) monsieur surtout !

DÉLICAT, bas à Flammèche.

Elle n'est pas émue du tout.

FLAMMÈCHE, bas au commissaire.

Elle n'est pas émue du tout.

LE COMMISSAIRE, bas à Flammèche.

Nous allons bien voir. (Haut.) Imaginez-vous, la cabaretière, que nous cherchons un conspirateur.

TOINON.

Un conspirateur !...

LE COMMISSAIRE.

Et nous voudrions savoir si par hasard ce conspirateur ne serait pas l'homme qui est là, caché dans votre chambre ?

TOINON, tombant évanouie dans les bras du commissaire.

Ah !...

LE COMMISSAIRE.

Pauvre petite !

FLAMMÈCHE.

Ça y est !

LE COMMISSAIRE.

Oui, ça y est... (Regardant Toinon.) Mais c'est bien cruel, tout de même, de faire de la peine à une aussi jolie fille.

Il l'embrasse.

DÉLICAT.

Que voulez-vous, mon commissaire, c'est le métier!

LE COMMISSAIRE.

Oui, c'est le métier. (Il l'embrasse.) Elle revient à elle !

TOINON.

Messieurs, je vous en prie... N'allez pas croire, parce que j'ai eu la bêtise de m'évanouir, n'allez pas croire... ça ne prouve pas...

LE COMMISSAIRE.

Ça prouve que nous avons eu tort de vous faire une mauvaise plaisanterie, voilà tout.

TOINON.

Une plaisanterie ?

LE COMMISSAIRE.

Pas autre chose, la cabaretière, pas autre chose. (Aux deux exempts, bas.) Prenez le nombre d'hommes qu'il vous faudra, et veillez à ce qu'il ne puisse pas sortir de cette maison.

FLAMMÈCHE et DÉLICAT.

Oui, mon commissaire.

TOINON.

Mon commissaire... il est perdu!... (Elle rentre chez elle.)

LE COMMISSAIRE.

Je vais, moi, mettre ma robe et prévenir le guet. (On entend des cris : La boulangère ! la boulangère !) Qu'est-ce que c'est que ça ?

DÉLICAT.

C'est cette boulangère qui a gagné tant d'argent rue Quincampoix, avec les actions de monsieur Law.

FLAMMÈCHE.

Elle est restée boulangère ; mais elle ne va plus à pied. C'est en chaise à porteurs maintenant qu'elle distribue le pain chez ses pratiques.

LE COMMISSAIRE.

Chut ! ouvrez l'œil... Il ne faut pas qu'à la faveur de cette foule, notre homme trouve moyen de s'échapper.

DÉLICAT.

N'ayez pas peur, mon commissaire.

Le commissaire sort.

SCÈNE IX

LE CHOEUR, puis MARGOT et CRIQUEBERT, vêtu d'un magnifique costume de suisse et portant un petit chien.

CHŒUR.

Ah! qu'elle est fière,
La boulangère,

Avec ses quatre grands laquais,
Ah! qu'elle est fière,
La boulangère,
Qui vend du pain dans un palais !

Entrée d'un petit cortége. — En tête Criquebert, suisse galonné, tout doré, canne à la main ; — Puis deux laquais, livrée somptueuse ; ils portent dans des corbeilles dorées de gros pains de quatre livres; puis dans une éclatante chaise à porteurs, la boulangère ; — derrière la chaise deux autres laquais. — Les porteurs déposent la chaise au milieu du théâtre. Criquebert ouvre la portière, et Margot sort de la chaise au milieu du théâtre. Costume de boulangère riche. — A la ceinture un gros trousseau de ces petits morceaux de bois qui sont à l'usage des boulangers. — A son entrée, tout le monde crie : *Vive la boulangère !...*

MARGOT.

La boulangère a des écus
Qui ne lui coûtent guère,
Elle en a, car on les a vus,
Je suis la bou'angère
Aux écus,
Je suis la boulangère.

CHOEUR.

Voilà la boulangère
Aux écus,
Voilà la boulangère.

MARGOT.

Lorsque j'étais fill' de boutique
Je n'en avais pas autant qu'ça,
Et je portais à la pratique
De ces gros pains qu' vous voyez là !
Mais j'avais le goût des affaires,
Et j'ai pu gagner honnêt'ment
Des sommes extraordinaires,
Ce qui fait qu'on chante à présent :
La boulangère a des écus
Qui ne lui coûtent guère,
Elle en a, car on les a vus,
Je suis la boulangère.

TOUS.

Voilà la boulangère
Aux écus,
Voilà la boulangère.

MARGOT.

C'était pour rir', pas davantage,
Que jadis on m' faisait la cour,
Maint'nant on m' parl' de mariage,
Tout's les fois qu'on m' parle d'amour.
C'est très-flatteur pour la morale
De voir qu'ils veulent m'épouser tous...
D'où vient cett' rag' matrimoniale ?...
J' m'en doute un peu, c'est qu'voyez-vous,
La boulangère a des écus
Qui ne lui coûtent guère,
Elle en a, car on les a vus,
Je suis la boulangère.

CHOEUR.

Voilà la boulangère
Aux écus,
Voilà la boulangère.

MARGOT.

Monsieur mon suisse, faites avancer ma chaise, (Après avoir embrassé le petit chien.) et mettez-y Fanfreluche... Allons, mes deux porteurs. (Les deux porteurs soulevant la chaise.) C'est moins lourd que lorsque j'y suis, n'est-ce pas ?... Pendant que je vais causer avec mon amie Toinon, vous allez, vous, faire faire à Fanfreluche le tour de la halle. Ça la distraira, cette petite bête, et ça fera courir les badauds.

LE CHOEUR.

Vive la boulangère!

MARGOT.

Merci, bon peuple, merci... mais je ne serai pas ingrate... Je te donnerai du pain gratis, et quand il n'y aura plus de pain, je te ferai cuire de la brioche... mes moyens me le permettent... En route, mes deux porteurs! en route, mes quatre laquais, et marchez doucement afin que ces bonnes gens puissent voir à leur aise les broderies de vos livrées. — Vous, mon suisse, restez.

Le cortège se met en marche, avec cette seule différence que Margot est remplacée par Fanfreluche dans la chaise à porteurs.

TOUS.

Vive la boulangère!

MARGOT.

Ne criez pas si fort, vous allez faire peur à Fanfreluche... Faites bien attention à Fanfreluche, mes quatre laquais!...

Nouveaux cris de : Vive la boulangère!

SCÈNE X

MARGOT, CRIQUEBERT.

MARGOT.

Et maintenant, monsieur mon suisse, voulez-vous entrer là, et dire à mademoiselle Toinon que son amie Margot désire lui parler.

CRIQUEBERT.

Et après?

MARGOT.

Après, vous vous installerez dans ce cabaret et vous boirez à ma santé jusqu'à ce que je vous appelle.

CRIQUEBERT.

Je veux bien, mais ça n'est pas assez difficile tout ça, ça n'est pas assez difficile.

MARGOT.

Vous dites?..

CRIQUEBERT.

Je dis que ce que vous me demandez, ça n'est pas assez difficile... je voudrais faire pour vous quelque chose d'extraordinaire.

MARGOT.

Pourquoi ça?...

CRIQUEBERT.

Parce que je vous aime... et lorsque j'aurai fait pour vous quelque chose d'extraordinaire, j'espère que vous m'aimerez.

MARGOT.

Monsieur mon suisse?

CRIQUEBERT.

Patronne.

MARGOT.

Si peu que j'aie l'habitude d'avoir un suisse, il me semble que vous ne me parlez pas comme un suisse devrait parler à sa supérieure.

CRIQUEBERT.

C'est que je ne suis pas un suisse ordinaire, je suis de Château-Thierry.

MARGOT.

Ce n'est pas une raison.

CRIQUEBERT.

Je m'appelle Criquebert... et je suis de Château-Thierry. J'aurais pu y vivre heureux, car j'étais riche et considéré; mais l'ambition m'a perdu; j'ai réalisé ma fortune, et je suis venu à Paris. — Malheureusement, en arrivant à Paris, je me suis logé rue Quincampoix...

MARGOT.

C'est là que j'ai fait ma fortune.

CRIQUEBERT.

C'est là que j'ai défait la mienne.

MARGOT.

J'ai acheté, j'ai vendu et j'ai gagné.

CRIQUEBERT.

J'ai vendu, j'ai acheté et j'ai perdu.

MARGOT.

Vous n'avez pas su manœuvrer.

CRIQUEBERT.

Je crois qu'il y a beaucoup de hasard là dedans... enfin, hasard ou non, au bout de huit jours, il ne me restait plus rien.

MARGOT.

Alors, vous vous êtes fait suisse?

CRIQUEBERT, avec fierté.

Jamais je n'aurais consenti à servir si je n'avais été poussé par un motif.

MARGOT.

Quel motif?

CRIQUEBERT.

Je vous l'ai dit: l'amour.

MARGOT.

Je ne dois vous laisser aucun espoir... je n'aime personne en ce moment, et je crois bien que j'en ai fini avec toutes ces bêtises-là... mais si jamais je me remettais à aimer...

CRIQUEBERT.

Ça ne serait pas moi.

MARGOT.

Je n'osais pas vous le dire.

CRIQUEBERT.

Aussi, m'a-t-il paru délicat de le deviner... mais ça m'est égal... ce que je tenais à vous dire, c'est que je vous suis dévoué comme une bête, et que si jamais il se présentait une occasion de me sacrifier pour vous...

MARGOT.

Ça pourra venir, mon ami, ça pourra venir..

CRIQUEBERT.

En attendant, je vais prévenir mademoiselle Toinon.

Il sort.

MARGOT.

C'est un suisse par amour! il avait l'air sincère, il m'a émue.

SCÈNE XI

MARGOT, TOINON.

TOINON.

Margot!

MARGOT.

Oui, c'est moi. As-tu pensé que la fortune me ferait oublier ma meilleure amie? Si tu ne m'as pas vue plus tôt, c'est qu'il m'a fallu quelque temps pour compter mes écus.... (Avec importance.) des placements que l'on est venu me proposer... mais tu ne m'écoutes pas! Tu as quelque chose.. qu'est-ce que tu as?

TOINON.

Ce que j'ai?

MARGOT.

Oui...

TOINON.

I

Ce qu' j'ai, tu me l' demandes?
Ce qu' j'ai, tu vois mes pleurs,
Les douleurs les plus grandes
N' sont rien près d' mes douleurs!
On peut êtr' malheureuse,
On n' peut pas l'être autant,
J'ai que j' suis amoureuse,
Et qu'on m' prend mon amant!

II

En vain j' creus' ma cervelle,
Pour trouver quéqu' moyen;
Contre un' chos' si cruelle,
Je cherche et n' trouve rien!

Quell' destinée affreuse !
Quel horrible tourment !
J'ai que j' suis, amoureuse,
Et qu'on m' prend mon amant !

MARGOT.

Amoureuse... encore?... Tu le seras donc toujours?

TOINON.

C'est plus fort que moi, je ne peux pas m'en empêcher, c'est si bon d'être amoureuse, c'est si bon, et il me semble que toi-même...

MARGOT.

Je ne dis pas non, j'ai fait ma part; moi aussi j'ai aimé, moi aussi j'ai souffert! (Riant.) En ai-je assez fait de ces bêtises, quand j'y pense... (Riant.) Mais c'est fini, maintenant, complétement fini.

TOINON.

Moi ça continue.

MARGOT.

Et qu'est-ce qui veut te le prendre, ton amant? c'est une femme?

TOINON.

Non, c'est le commissaire.

MARGOT.

Le commissaire?

TOINON.

Oui.

MARGOT.

Et pourquoi faire, bon Dieu!

TOINON.

Pour le pendre...

MARGOT.

Aie !...

TOINON.

Parce qu'il a conspiré...

MARGOT.

Avec monsieur de Cellamare!...

TOINON.

Tu sais...

MARGOT.

On ne parle que de ça depuis ce matin... Ah! ma pauvre Toinon !... où est-il maintenant?...

TOINON.

Il est là, dans ma chambre... et les gens de police savent qu'il y est!...

MARGOT.

Connaissent-ils son visage, les gens de police?...

TOINON.

Non, mais qu'importe?... Ils savent comment il est habillé, ils savent qu'il est là.

MARGOT, après un moment de réflexion.

Embrasse-moi, Toinon ; je sauverai ton amant...

TOINON.

Tu dis?...

MARGOT.

Je dis que je sauverai ton amant, tout à l'heure, au nez et à la barbe des gens de police, je l'emmènerai chez moi, et une fois chez moi, je le cacherai si bien...

TOINON, inquiète.

Ah ! c'est chez toi que tu comptes le cacher?

MARGOT.

Oui...

TOINON.

Tu n'aurais pas un autre moyen?

MARGOT.

De la méfiance!...

TOINON.

Non, mais...

MARGOT, riant.

Puisque je t'ai dit que moi... j'avais fini...

TOINON.

Oui, mais s'il allait te prendre envie de recommencer?...

MARGOT.

Et puis, ne suis-je pas ton amie, ta meilleure amie?... Comment peux-tu supposer que moi ton amie, ta meilleure amie...

TOINON.

C'est vrai, je te demande pardon. (Allant au fond du théâtre.) Mon Dieu! l'on vient! des soldats, c'est pour lui. (Redescendant.) Sauve-le, Margot, sauve-le! sauve-le!

MARGOT.

Entre dans ton cabaret, tu y trouveras mon suisse... Écoute bien ce que tu lui diras.

Elle parle bas à Toinon pendant que le populaire entre en scène.

FINALE.

CHOEUR DU POPULAIRE.

Encore un gueux qu'on va pincer,
Voilà les militaires!
Compères, laissez-nous passer,
Rangez-vous, les commères,
Encore un gueux qu'on va pincer,
Voilà les militaires!

La foule, dans le fond du théâtre, regarde venir les militaires. Pendant le dialogue qui suit on entend se rapprocher une petite marche militaire, fifres et tambours.

TOINON, qui sort de son cabaret.

Et tu crois réussir?

MARGOT.

Je tiendrai ma promesse
Oui, Toinon, je le sauverai.
Mais tâche de calmer la frayeur qui t'oppresse
Ou nous somm's fricassé's...

TOINON.

C'est bien, je tâcherai.

Pendant la reprise du chœur entrent précédés de fifres et de tambours les archers du guet.

REPRISE DU CHŒUR.

Encore un gueux qu'on va pincer,
Etc., etc.

LE COMMISSAIRE.

Gardez bien toutes les issues,
Et placez des soldats au coin de ces deux rues.
Nul ne doit plus sortir d'ici.

FLAMMÈCHE, DÉLICAT.

Nul ne doit plus sortir d'ici !

MARGOT.

Pas même moi?

LE COMMISSAIRE.

Qui vous?

MARGOT.

Moi donc, la boulangère.
Prétendez-vous me retenir aussi ?...

LE COMMISSAIRE, saluant.

Je sais trop ce qu'on doit, ma chère,
A vos écus ainsi qu'à vos attraits,
Laissez passer la boulangère!

MARGOT.

Avec mes quatre grands laquais.

LE COMMISSAIRE.

Avec ses quatre grands laquais.

MARGOT.

Et mon suisse.

LE COMMISSAIRE.

Votre suisse ?

MARGOT.

Oui, mon suisse.

TOINON.

Oui, son suisse.

LE COMMISSAIRE.

Je ne le vois pas, votre suisse.

MARGOT.

Où donc est-il passé, mon suisse ?

Entre Bernadille portant exactement le costume du suisse de la boulangère. — Il sort du cabaret.

BERNADILLE.

Foilà ! foilà !
Le suisse temanté, foilà !

TOUT LE MONDE.

Ah ! qu'il est beau ce gaillard-là !

MARGOT.

Où diable étais-tu, fainéant,
Pendard, ivrogne, sacripant ?

BERNADILLE.

I

Montame, che n'étais bas loin,
Ch' étais au cabaret du coin
Et che m'y grisais avec soin,
Montame, che n'étais bas loin.
Tranquill'ment ch' vidais mon verre,
A la santé, d' montsir le commissaire.

II

Il est bon le vin qu'on boit là,
Aussi ch' m' disais : oh ! la la,
Ch' n'en ai chamais bu du comm' ça,
Qu'il est bon le vin qu'on boit là.
Tranquill'ment...
Etc.

LE COMMISSAIRE, plus occupé de la fenêtre de Toinon que du suisse.

Il est fort honnête vraiment,
Et de plus c'est un très-bel homme,
Oui vraiment, c'est un très-bel homme.

A Margot.

Je vous en fais mon compliment !...

BERNADILLE, au commissaire.

Vous êtes trop poli vraiment.

LE COMMISSAIRE.

Je vous en fais mon compliment.

COUPLETS.

MARGOT.

I

N'est-ce pas que c'est un bel homme,
Tout reluisant comme un soleil,
Et qu'on irait d' Paris à Rome
Avant d'en trouver un pareil?

Avec amour.

Il m' coût' cher, mais il vaut son prix,
Aussi j' défi' que dans tout Paris
J'défi' qu'on puisse
Trouver un suisse,
Un suisse
Qui puisse
Rivaliser avec mon suisse!

TOUT LE MONDE.

J'défie qu'on puisse
Trouver un suisse,
Un suisse
Qui puisse
Rivaliser avec son suisse.

Délicat et Flammèche entrent dans le cabaret.

MARGOT.

II

Quand il passe avec sa hall'barde,
Plus d'un' femm' le r'gard' de côté;
Mais c'est à pein' s'il y prend garde...
J' suis sûr' de sa fidélité...
Il m' coût' cher, mais il vaut son prix,
Aussi j' défi' que dans tout Paris
On trouve un suisse,

Un suisse
Qui puisse
Rivaliser avec mon suisse..

LES DEUX EXEMPTS, sortant du cabaret, au commissaire.

Notre homme est là. . ne craignez rien.
Nous le tenons.

LE COMMISSAIRE, se frottant les mains.

Fort bien, fort bien!

BERNADILLE, au commissaire, accent suisse.

Mont'sir le commissair' me paraît bien content,
Gesticulant, parlant, allant, venant, trottant.
Sa lèvre est souriante... il est gras, bien portant.
Mont'sir le commissair' me paraît bien content

MARGOT et TOINON.

Monsieur le commissaire a l'air d'être content
Cela nous réjouit; nous espérons pourtant
Lui jouer un bon tour, et que dans un instant,
Monsieur le commissair' ne sera plus content.

LE COMMISSAIRE, FLAMMÈCHE et DÉLICAT.

Monsieur le commissaire est en effet content;
Il a raison de l'être... Il va dans un instant
Happer... prendre au collet un rebelle important.
Monsieur le commissaire est en effet content.

TOINON, à MARGOT, bas.

Souviens-toi bien qu' t'es mon amie,
Que je compt' sur ta bonne foi,
Et qu' ce s'rait une vrai' perfidie
Si t'allais le garder pour toi.

MARGOT, à Toinon.

Un tel soupçon, un' femm' comm' moi!

DÉLICAT, au commissaire.

Laissons partir la boulangère.

FLAMMÈCHE.

Et puis après bien lestement

FLAMMÈCHE et DÉLICAT.

Nous expédierons notre affaire.

LE COMMISSAIRE.

Fort bien ! fort bien!

REPRISE GÉNÉRALE.

Monsieur le commissaire,
Etc.

Bernadille fait avancer la chaise de la boulangère.

CHOEUR.

J' défi' qu'on puisse
Trouver un suisse,
Etc.

La boulangère remonte dans sa chaise, au milieu des cris : *Vive la boulangère!...* Le petit cortège reprend sa marche. Bernadille marche le premier faisant écarter la foule. — Au même moment Flammèche et Délicat sortent du cabaret. — Ils ont arrêté Criquebert qui est revêtu du costume de Bernadille. — Criquebert se débat. — Le rideau tombe sur la sortie de la boulangère et sur l'arrestation de Criquebert.

ACTE DEUXIÈME

LA BOULANGERIE

Une boulangerie établie dans un local somptueux. — Partout de l'or et des glaces. — A gauche, le comptoir chargé de gros pains de quatre livres. — A droite, au troisième plan, porte conduisant au four. — Au fond, face au public, large porte donnant sur la rue.

SCÈNE PREMIÈRE

BOULANGÈRES, CLIENTS, PAGES, GRISETTES, puis BERNADILLE.

Au lever du rideau, grand mouvement en scène. — Des acheteurs entrent et sortent Des boulangères très-élégantes, toutes dans le même costume, servent les clients et distribuent gros et petits pains.

CHŒUR.

Avec politesse,
Avec gentillesse,
Sans perdre de temps
Servez / Servons les clients.

RAVANNES.

Quand les grandes coquettes
Vous font par trop languir,

LES PAGES.

Quand les grandes coquettes
Vous font par trop languir,

RAVANNES.

On va chez les grisettes
Pour se ragaillardir.

TOUS.

Apportez-nous du pain, du lait,
Apportez-nous en, s'il vous plait.

LES PAGES.

Voici du pain, voici du lait!

Entre Bernadille en mitron.

BERNADILLE, *portant des petits pains sur deux petites claies, une dans chaque main.*

Tout chauds! tout chauds! Voilà... voilà.

TOUS.

Qu'est-ce que c'est donc que ce mitron-là?

BERNADILLE.

C'est un pauv' mitron,
Un pauvre garçon,
Qui toute la nuit n'a fait qu' geindre.

I

Quand dans chaque quartier
Le Parisien s'éveille,
Nous somm's depuis la veille
En train de travailler!
Geignant à pleine voix,
Nous brassons notre pâte
Et fabriquons en hâte
Le pain du bon bourgeois.
C'est nous qui brassons
Et qui pétrissons
Du soir au matin! en faisant han! han!
C'est nous qui brassons
Et qui pétrissons
Le joli pain frais, le joli pain blanc.

TOUS.

C'est vous qui brassez
Et qui pétrissez,
Etc.

BERNADILLE.

II

Qui veut des petits pains,
Des brioch's excellentes,
Voyez, ell's sont bouillantes,
Tendez, tendez vos mains.
A ces jeunes messieurs.
Je n'lanc' pas d'épigrammes,
Ils brûl'nt pour vous, mesdames,
Mes pains brûl'nt encor mieux.

TOUS.

C'est vous qui brasse..,
Etc.

Sur la ritournelle les grisettes entourent Bernadille et lui font de petites agaceries.

SCÈNE II

LES MÊMES, MARGOT.

MARGOT, écartant brusquement les grisettes.

Qu'est-ce que ça veut dire?... Voulez-vous bien... (A Bernadille.) Qu'est-ce que tu fais là, toi?...

BERNADILLE.

Vous voyez, patronne, je distribue des petits pains... tout chauds... tout chauds...

MARGOT.

Ce n'est pas pour ça que je t'ai pris, ta place n'est pas ici à toi... ta place est en bas, dans le four; je t'avais défendu d'en sortir...

UN PAGE.

C'est donc vrai ce qu'on dit dans le quartier?

MARGOT.

Qu'est-ce qu'on dit?...

UN AUTRE PAGE.

Que la boulangère est jalouse.

MARGOT.

Quand cela serait...

RAVANNES.

Ne vous fâchez pas, la boulangère! Nous sommes trop amoureux nous-mêmes pour vouloir gêner des amoureux.

REPRISE SUR L'AIR PRÉCÉDENT.

Nous nous en allons
Et nous vous laissons,
Ne vous fâchez pas, mon Dieu! l'on s'en va.
Nous nous en allons
Et nous vous laissons
Vous parler d'amour tant qu'il vous plaira.

Sortie générale. — Les pages sortent en emmenant les grisettes. Les boulangères sortent les unes en emportant au dehors des pains dans des corbeilles, les autres en descendant par l'escalier qui conduit au four.

SCÈNE III

MARGOT, BERNADILLE.

MARGOT.

Tu veux donc te livrer?... Te perdre?...

BERNADILLE.

Non...

MARGOT.

Pourquoi te montres-tu alors? Pourquoi ne restes-tu pas là-dessous comme je te l'avais recommandé?

BERNADILLE.

C'est que je voudrais avoir des nouvelles... il y a huit jours que je suis enfermé ici... je voudrais savoir ce qu'on en dit maintenant, de la conspiration de monsieur de Cellamare...

MARGOT.

Je puis t'en donner, moi, des nouvelles... et elles ne sont pas bonnes : madame la duchesse du Maine a été arrêtée, on l'a envoyée en Bourgogne.

BERNADILLE.

Qu'est-ce qu'elle va devenir avec un coiffeur de province? Et monsieur le duc du Maine?...

MARGOT.

Arrêté aussi...

BERNADILLE.

Que dirait Louis XIV?... Un fils qu'il aimait tant! Et monsieur le cardinal de Polignac?

MARGOT.

Exilé dans une de ses abbayes.

BERNADILLE.

Et le roi d'Espagne?...

MARGOT.

Le roi d'Espagne!...

BERNADILLE.

Oui...

MARGOT.

Je ne crois pas qu'on lui ait rien fait, au roi d'Espagne... je n'ai pas entendu dire...

BERNADILLE.

Ah! tant mieux! tant mieux! il m'intéresse le roi d'Espagne!

MARGOT.

Par exemple l'abbé Brigaut est à la Bastille... le duc de Richelieu y est aussi...

BERNADILLE.

Allons bien! Le duc de Richelieu à la Bastille et moi obligé de me cacher dans une cave; qu'est-ce que les femmes vont devenir?...

MARGOT.

Tu dis?...

BERNADILLE.

Rien.

Entre une pratique.

MARGOT.

Descends vite, voilà quelqu'un...

BERNADILLE.

Tout à l'heure!... tout à l'heure!... il faut que je respire.

Il s'en va au fond respirer sur le seuil de la porte.

LA PRATIQUE.

Deux sous de pain, la boulangère...

MARGOT, tendant un gigantesque pain de six livres.

Tenez...

LA PRATIQUE, étonnée.

Pour deux sous, je vous dis...

MARGOT, furieuse.

Prenez ça, je n'ai pas le temps de couper...

Elle s'élance sur Bernadille, le prend par la main et le ramène vivement sur le devant de la scène; la pratique s'en va en emportant le gros pain.

Tu as perdu la tête... décidément... t'en aller dans la rue!...

BERNADILLE.

J'ai besoin d'air... (Avec explosion.) Je ne peux pas continuer à vivre enfermé comme ça... j'étouffe!... il me faut de l'air... j'ai toujours eu une bonne santé, mais à la condition d'avoir de l'air...

MARGOT.

En auras-tu de l'air, quand tu te seras fait mettre en prison comme une bête?...

BERNADILLE, se calmant.

Voilà une chose juste. — Quand on me dit une chose juste, je ne m'entête pas.

MARGOT, câline.

Tu vas descendre alors... tu vas retourner là-dessous...

BERNADILLE.

C'est que je m'y ennuie là-dessous.

MARGOT.

Jamais!

BERNADILLE.

Oui, je sais bien...

COUPLETS.

MARGOT.

I

J'ai trahi ma meilleure amie,
Ça me donn' bien quelqu's droits sur toi,
N' sois pas méchant, je t'en supplie,
Sois prudent, n'expos' pas ta vie,
Elle est à moi.
Oui, ta vie est à moi,
Elle est à moi !

II

Quand le régent n' s' ra plus en colère,
Quand tu n' s'ras plus sous l'coup d' la loi,
Tu r' paraîtras à la lumière
Et j' pourrai dire à tout' la terre
Il est à moi !
Ce bel homme est à moi,
Il est à moi !

BERNADILLE.

Cette pauvre Toinon!... (Regards échangés, sourires.) Est-ce que vous n'avez pas de remords?...

MARGOT.

Si fait; j'en ai...

BERNADILLE.

A la bonne heure...

MARGOT.

J'en ai, mais ça ne m'est pas désagréable. Il me semble que ces remords rendent plus vif encore le plaisir que je trouve à t'aimer.

BERNADILLE.

C'est de la raffinerie tout ça... c'est de la raffinerie...

MARGOT.

Je t'en prie... ne reste pas là, descends.

BERNADILLE.

Cette pauvre Toinon... c'est drôle tout de même qu'en huit jours elle n'ait pas su trouver un moment pour venir me voir...

MARGOT, *embarrassée.*

Oh! quant à cela !...

BERNADILLE.

Quant à cela?. .

MARGOT.

C'est moi qui lui ai conseillé de ne pas venir; les gens de police ont l'œil sur elle !... Si elle était venue, on l'aurait suivie, on t'aurait découvert peut-être... je le lui ai dit...

BERNADILLE.

Et ça a suffi pour l'empêcher !...

MARGOT, *de plus en plus embarrassée.*

Sans doute, la prudence... la raison...

BERNADILLE.

A la bonne heure, quand on me dit une chose juste, je ne m'entête pas.

Fausse sortie

MARGOT, *à part.*

S'il savait que Toinon est venue trois fois et que trois fois je l'ai mise à la porte !

BERNADILLE, *redescendant.*

Mais je sais bien que moi à sa place...

MARGOT.

C'est que nous autres, nous aimons mieux que vous !... c'est que lorsqu'il s'agit de sauver celui que nous aimons, nous savons tout sacrifier... même notre amour.

BERNADILLE.

C'est de la raffinerie tout ça... c'est de la raffinerie !...

Paraissent Flamméche et Déicat en fariniers tout blancs de farine, portant deux sacs énormes de farine.

MARGOT.

Quelqu'un encore. Prends garde... ah! non, ce sont les deux porteurs qui apportent la farine.

SCÈNE IV

LES MÊMES, FLAMMÈCHE, DÉLICAT.

FLAMMÈCHE.

Nous voilà, vous; nous apportons la farine...

DÉLICAT.

Pour faire le pain... de la bonne farine et de la vraie...

MARGOT.

Mais je ne vous reconnais pas... ce n'est pas vous qui, d'ordinaire, venez ici?

FLAMMÈCHE.

Certainement non, ce n'est pas nous... nous ne sommes fariniers que depuis ce matin...

Ils tombent à la renverse, entraînés tous les deux par le poids de leurs sacs et se trouvent après leur chute assis sur leurs sacs.

BERNADILLE.

Ça se voit.

MARGOT.

Et qu'est-ce que vous étiez donc hier?

FLAMMÈCHE, *se levant.*

Nous étions charbonniers, mais ça a fini par ennuyer mon ami... mon ami qui est là...

BERNADILLE.

Oui, oui... nous voyons bien...

FLAMMÈCHE, *se relevant.*

Ça a fini par l'ennuyer d'avoir toujours du noir sur le nez... alors il m'a dit... Qu'est-ce que tu m'as dit!...

DÉLICAT, *se relevant.*

Ce que je t'ai dit?...

FLAMMÈCHE.

Oui.

DÉLICAT, *à Margot.*

Je lui ai dit quelque chose?

MARGOT.

Il paraîtrait...

DÉLICAT.

Qu'est-ce que je lui ai dit?...

FLAMMÈCHE.

C'est ce que je te demande.

BERNADILLE.

Monsieur votre ami vous demande ce que vous lui avez dit...

DÉLICAT.

Est-ce que je sais, moi, ce que je lui ai dit...

FLAMMÈCHE.

Tu m'as dit que tu voudrais bien faire un autre métier...

DÉLICAT.

Je lui ai dit ça, moi!

FLAMMÈCHE.

Mais que tu tenais à garder ce costume, parce qu'il t'allait bien... Là-dessus je t'ai répondu... qu'est-ce que je t'ai répondu?

DÉLICAT.

Hé?...

MARGOT.

Monsieur votre ami vous demande ce qu'il vous a répondu? ..

BERNADILLE.

Oui, monsieur votre ami vous demande...

DÉLICAT.

Est-ce que je sais, moi!

FLAMMÈCHE.

« Faisons-nous fariniers. » Voilà ce que je t'ai répondu... faisons-nous fariniers, nous n'aurons plus de noir sur le nez et nous aurons toujours le même costume.

MARGOT.

Comment! le même costume?... Ils me rendront folle ces deux gaillards-là...

FLAMMÈCHE.

Et oui... vous n'avez pas remarqué ça... le costume des fariniers est absolument le même que le costume des charbonniers.

COUPLETS

I

DÉLICAT.

Les fariniers, les charbonniers,
Ont le mêm' sac, l' mêm' grand chapeau.

FLAMMÈCHE.

Les charbonniers, les fariniers,
Se ressembl'nt comm' deux goutt's d'eau.

DÉLICAT.

C'pendant pour c'lui qui sait bien voir
Y a un détail très-important.

FLAMMÈCHE.

C'est qu' l' charbonnier est tout noir,
Tout noir...
Et qu' l' farinier est tout blanc,
Tout blanc.

FLAMMÈCHE et DÉLICAT.

Tout blancs, tout blancs, tout blancs, tout blancs,
Les fariniers sont d'bons enfants!

LES QUATRE.

Tout blancs, tout blancs, tout blancs, tout blancs,
Les fariniers sont d' bons enfants!

II

DÉLICAT.

J'ai connu un' p'tit' femme qu'était,
Qu'était la femm' d'un charbonnier.

FLAMMÈCHE.

Et cette mêm' petit femme avait
Un amant qu'était farinier...

DÉLICAT.

Son mari v'nait pour l'embrasser,
Puis c'était l' tour de son amant.

FLAMMÈCHE.

Ell' passait sa vie à s' brosser
Pour n'avoir pas d'désagrément.

FLAMMÈCHE et DÉLICAT.

C'est que l'charbonnier est tout noir,
Tout noir...
Et que l' farinier est tout blanc,
Tout blanc.

TOUS LES QUATRE.

Tout blancs, tout blancs, tout blancs, tout blancs...
Les fariniers sont d' bons enfants !

MARGOT.

Faut-il qu'ils soient forts, tout de même, pour porter des sacs comme ça... Ils n'ont pas l'air pourtant... celui-là surtout.

BERNADILLE, à Délicat.

Comment faites-vous?...

DÉLICAT.

Ça nous fatigue...

FLAMMÈCHE.

Ça nous éreinte. Et si vous vouliez être bien aimable...

Ils mettent un des sacs sur le dos de Bernadille.

DÉLICAT.

Attendez... Il y en a un autre.

Ils mettent le second sac par-dessus le premier sur le dos de Bernadille.

BERNADILLE, trébuchant sous la secousse.

Il n'y en a plus. (Il trébuche encore.) Hé! là! hé! là!

Il reprend son équilibre.

MARGOT, à Bernadille qui a les deux sacs sur le dos.

Allons vite, descends... porte ça dans le four.

BERNADILLE.

Allons, faut que j'y aille décidément... Il n'y a pas moyen de l'éviter.

Il se dirige d'un pas incertain vers la porte qui conduit au four. — Tout à coup il perd l'équilibre. Les deux sacs roulent par terre. Bernadille les regarde, les empoigne chacun d'une main, les soulève à bras tendu sans aucun effort et sort en les emportant.

SCÈNE V

MARGOT, FLAMMÈCHE, DÉLICAT, BOULANGÈRES.

MARGOT.

Voulez-vous boire quelque chose vous deux?...

FLAMMÈCHE.

Ça n'est pas de refus, boulangère, ça n'est pas de refus.

MARGOT.

On va vous donner ça.

Elle remonte.

FLAMMÈCHE, *bas.*

Eh bien? le tenons-nous, cette fois?... Qu'est-ce que tu en penses?

DÉLICAT.

Je pense que depuis que le monde est monde, il n'y a jamais rien eu de si vexant.. Je suis l'aigle de la police, je sais que madame Délicat a un amant...

MARGOT, *redescendant et leur donnant à boire.*

Tenez, mes amis.

DÉLICAT, *continuant et s'adressant à Margot.*

Voyez-vous même s'il peut rien y avoir de plus vexant: je suis l'aigle...

FLAMMÈCHE, *lui donnant un coup de bâton dans les jambes.*

Imbécile!

DÉLICAT.

Hé!...

FLAMMÈCHE.

Qu'est-ce que tu allais dire à madame?

DÉLICAT, *à Margot.*

J'allais vous dire quelque chose?

MARGOT.

Oui...

DÉLICAT.

Est-ce que je sais, moi, ce que j'allais vous dire ?

Il boit.

FLAMMÈCHE.

Je sais ce qu'il allait vous dire, il allait vous dire que.....

Que le charbonnier est tout noir,
Tout noir,
Et que l' farinier est tout blanc,
Tout blanc.

ENSEMBLE.

Tout blancs, tout blancs... tout blancs, tout blancs,
Les fariniers sont d' bons enfants !

Il remontent comme pour sortir et sont arrêtés sur le seuil de la porte par l'arrivée du commissaire.

SCÈNE VI

LE COMMISSAIRE, MARGOT, FLAMMÈCHE, DÉLICAT.

LE COMMISSAIRE.

Eh ! bien, messieurs...

FLAMMÈCHE.

Patron !

MARGOT.

Comment, patron !

FLAMMÈCHE.

Nous croyons que c'est lui, mais nous ne sommes pas sûrs.

LE COMMISSAIRE.

Descendez là et faites ce que je vous ai dit.

FLAMMÈCHE et DÉLICAT.

Tout de suite, patron.

Ils sortent.

MARGOT.

Qu'est-ce que ça veut dire? ces deux messieurs ne sont donc pas...

LE COMMISSAIRE.

Ces messieurs sont des hommes à moi! Vous vous êtes moquée de nous, la boulangère, avec votre suisse.

MARGOT.

Mais pas du tout.

LE COMMISSAIRE.

Si fait, la boulangère... si fait... je ne vous en veux pas; c'était de bonne guerre... mais vous ne m'en voudrez pas si j'essaie de prendre ma revanche... nous croyons que notre conspirateur, le vrai, est caché ici chez vous, c'est pour cela que je ne serais pas fâché de voir tous les mitrons, grands et petits, qui sont en bas.....

FLAMMÈCHE, entrant.

Nous avons fouillé les coins et les recoins, et nous vous amenons tout ce que nous avons trouvé.

Il sort du four une longue file de mitrons, commençant par Bernadille et allant ensuite en descendant jusqu'à un tout petit, tout petit mitron.— Rentrent en même temps les boulangères, les porteurs de pain, etc.

SCÈNE VII

LES MÊMES, BERNADILLE, MITRONS, BOULANGERS.

CHOEUR.

Nous voici tous, nous sortons,
Nous sortons de dessous terre,
Grands mitrons, petits mitrons,
Nous revoyons la lumière.

Le commissaire, pendant ce chœur, examine les mitrons.

MARGOT, au commissaire.

Est-ce fini, puis-je les renvoyer?

LE COMMISSAIRE, à Flammèche et à Délicat.

Non pas ; faites venir ici le prisonnier.

TOUS.

Le prisonnier? quel prisonnier?

Flammèche et Délicat rentrent presque aussitôt en ramenant Criquebert. — Il a le costume que portait Bernadille au premier acte.

SCÈNE VIII

LES MÊMES, CRIQUEBERT.

FLAMMÈCHE et DÉLICAT.

Voici le prisonnier.

MARGOT.

Mon ancien suisse!... ô ciel!... que va-t-il se passer?

LE COMMISSAIRE, à Criquebert.

Vous savez le moyen d'obtenir votre grâce.
L'homme dont l'autre jour vous avez pris la place,
L'homme que nous cherchons est ici... regardez,
Et dites-moi : c'est lui!.. dès que vous le verrez.

MARGOT et BERNADILLE.

O ciel! il est / je suis perdu.

CRIQUEBERT, au commissaire.

N'ayez pas peur, mon maître,
Si votre homme est ici, je vais le reconnaître.

CHOEUR GÉNÉRAL.

Je palpite d'émotion.
Fut-il jamais situation
Plus terrible, plus empoignante,
Plus neuve et plus intéressante ?

BERNADILLE.

(Parlé.)

Je ne le crois pas.

REPRISE DU CHOEUR.

Fut-il jamais situation
Plus neuve et plus intéressante.

LE COMMISSAIRE, à Criquebert.

Eh! bien! montrez-moi le coupable.
Parlez, j'attends...

Gestes suppliants de Margot à Criquebert.

CRIQUEBERT.

On va voir en ce jour
De quoi peut rendre capable
Un amour pur, un véritable amour.

TOUS.

Fut-il jamais situation,
Etc.

Criquebert, pendant la reprise de ce chœur, commence à examiner tous les mitrons l'un après l'autre, les grands comme les petits. Margot très-émue suit du regard Criquebert et lui fait des signes. Criquebert en arrivant devant le plus petit des mitrons, un enfant de trois ou quatre ans, s'arrête, l'examine longuement, hésite, il passe et arrive à Bernadille... là encore, il s'arrête. Un combat se livre dans l'âme de Criquebert. — Va-t-il perdre son rival? Va-t-il le sauver?... Margot est haletante, Criquebert continue son chemin. — Bernadille est sauvé.

CRIQUEBERT, au commissaire.

Votre homme n'est pas là, je n'ai rien à vous dire.

MARGOT.

Je respire.

BERNADILLE.

Je respire.

LE COMMISSAIRE, parlé.

Ils se mequent de moi, mais je les repincerai.

LE CHOEUR.

Fut-il jamais situation,
Etc.

Sortie du chœur. Sur la reprise du chœur Bernadille n'est pas sorti. — Le commissaire s'approche de lui — Bernadille tire son bonnet et lui envoie un nuage de farine en pleine figure.

SCÈNE IX

LES MÊMES, moins LES MITRONS et LES BOULANGÈRES.

LE COMMISSAIRE.

Ils auront beau faire, je les repincerai! Qu'est-ce que vous faites-là, monsieur Flammèche ?

Flammèche avait tiré une corde de sa poche et se préparait à lier les mains de Criquebert.

FLAMMÈCHE.

J'allais reficeler monsieur..,

LE COMMISSAIRE, *à Flammèche.*

Mais non, mais non, monsieur est libre. Que veux-tu que nous fassions de cet imbécile ? c'est à Toinon qu'il faut nous attacher; avec Toinon, nous arriverons à quelque chose. (*A la boulangère.*) Sans adieu, la boulangère ! En route, Flammèche!

Il aperçoit Délicat qui, sur le devant de la scène, tout entier à sa préoccupation, se parle à lui-même.

DÉLICAT, *à part.*

Ah! l'amant de ma femme...si je le tenais, si je le tenais...

Le commissaire donne un grand coup de pied à Délicat, qui s'écrie: Je le tiens !

LE COMMISSAIRE.

Mille pardons,monsieur Délicat. Monsieur Délicat, je vous supplie de me pardonner... Allons, venez tous les deux.

Il sort en emmenant Flammèche et Délicat.

SCÈNE X

MARGOT, CRIQUEBERT, BERNADILLE.

BERNADILLE, *ôtant son bonnet.*

J'ai tenu à rester, monsieur; j'ai tenu à rester, parce que je tenais à vous serrer la main.

CRIQUEBERT.

Monsieur...

BERNADILLE.

Vous m'avez rendu un grand service... Vous m'avez sauvé... Je n'avais pas jusqu'à présent trouvé l'occasion de vous en remercier.

CRIQUEBERT.

Oh ! monsieur...

BERNADILLE, lui prenant la main.

Je vous en prie, monsieur, je vous en prie...

CRIQUEBERT.

Ce n'est pas moi qu'il faut remercier, c'est elle... tout ce que j'ai fait, je l'ai fait pour elle.

MARGOT.

Oui, c'est pour moi...

CRIQUEBERT.

Parce que je l'aime !

BERNADILLE.

C'est donc ça ! je ne comprenais pas... Maintenant, je me rends parfaitement compte... Vous l'aimez...

CRIQUEBERT.

Oui, je l'aime... aussi quand elle m'a ordonné de me faire arrêter à votre place, je n'ai pas hésité...

BERNADILLE

Bon et excellent homme !

MARGOT.

Homme admirable!

CRIQUEBERT.

Voilà comme je suis !

MARGOT.

Comme c'est drôle tout de même... c'est lui qui s'est sacrifié pour moi, c'est lui qui m'aime; en bonne justice, c'est lui que je devrais aimer... et cependant...

CRIQUEBERT.

Et cependant c'est lui...

MARGOT.

Oui.

BERNADILLE.

Oui, c'est moi !...

MARGOT.

C'est lui.

BERNADILLE.

Bon et excellent homme!

MARGOT.

Homme admirable!...

CRIQUEBERT, à Bernadille.

Oui, c'est moi qui suis l'homme admirable, mais... c'est vous.

BERNADILLE.

C'est presque toujours comme ça que ça se passe.

CRIQUEBERT.

Vous l'avez remarqué?

BERNADILLE.

Maintes fois : c'est ce que l'on appelle le cœur humain.

MARGOT.

Le cœur humain.

BERNADILLE.

Ça devrait être comme ça ; ça n'est pas comme ça...

CRIQUEBERT.

Le philosophe s'en étonne.

BERNADILLE.

Le moraliste s'en afflige ! il s'en afflige le moraliste!

MARGOT.

Qu'est-ce qui leur prend?

BERNADILLE, écartant doucement Margot.

Vous ne pouvez pas comprendre.

CRIQUEBERT.

Non, vous ne pouvez pas... (Continuant.) On a écrit beaucoup de choses là-dessus!

BERNADILLE.

Ça n'y change rien, et ça n'y changera rien. Ainsi, tenez, pour ne parler que de l'amour...

I

Un homm' d'un vrai mérite aimait
Un' dame indign' de son hommage
Quand il apprit qu'ell' le trompait,
Il l'en aima bien davantage.
Qu'y voulez-vous fair' ? c'est comm' ça !
Quand on aime
On aime quand même,
Il faut bien en passer par là.

ENSEMBLE.

Qu'y voulez-vous fair'?
Etc.

BERNADILLE.

II

La vertu, c'est un capital,
On l'a dit et je le répète;
Je connais des femm's et pas mal
(Parlé.) Qui, non-seulement ont tout dépensé, capital et intérêts mais qui même...
(Chanté.)
Sont absolument criblé's d' dettes.
(Parlé.) On n' les en aime que davantage.

REFRAIN.

Qu'y voulez-vous faire?. .
Etc.

ENSEMBLE.

Qu'y voulez-vous faire ?
Etc.

BERNADILLE.

III

Une mèr' dans un' pos' tragique
Maudit sa fill' qui se trouv' mal :

Ma mère, il part pour la Belgique,
Il emporte mon capital,
Qu'y voulez-vous faire?
Etc.

ENSEMBLE.

Qu'y voulez-vous faire ?
Etc.

CRIQUEBERT.

Sans doute, il faut absolument en passer par là, mais c'est triste !

BERNADILLE.

Bon et excellent homme !...

MARGOT.

Homme admirable!

CRIQUEBERT.

Et cependant, je ne perds pas courage... vous l'aimez aujourd'hui... demain peut-être... ce sera moi.

MARGOT, indignée.

Qu'est-ce qu'il a dit ?...

CRIQUEBERT.

Il y a deux moyens de se faire bien venir par les femmes : le premier est de leur plaire, le second est d'y mettre de l'entêtement... j'y mettrai de l'entêtement.

BERNADILLE.

Bon, excellent homme !...

On entend du bruit dans la rue.

BERNADILLE, CRIQUEBERT, MARGOT.

Qu'est-ce que c'est que ça?...

MARGOT.

Encore quelque danger pour toi.

CRIQUEBERT à BERNADILLE.

Venez... venez...

BERNADILLE.

Oui, je viens... et de la prudence...

Il sort avec Criquebert.

MARGOT.

Ah ça! qu'est-ce que c'est que toutes ces femmes-là? Qu'est-ce qu'elles me veulent?

TOINON, *entrant du fond.*

Ce qu'elles te veulent, tu vas le savoir, Margot.

La boutique est envahie par une troupe de grisettes conduites par Toinon.

SCÈNE XI

MARGOT, TOINON, GRISETTES, MITRONS, BOULANGÈRES.

FINALE.

CHOEUR.

Gardiennes de l'honneur des femmes,
Le poing sur la hanche on nous voit,
Quand nous rencontrons des infâmes,
Rendre justice à qui de droit.

TOINON.

Ecoutez maint'nant l' motif de notr' querelle!

UNE GRISETTE.

S'agit d'un amoureux, c'est facile à d'viner.

TOINON.

Juste : Cet amoureux se trouvant en danger,
Elle en fit son mitron et le garda chez elle,
Jurant, elle' ne dira pas non,
De me le rendre à ma premièr' réquisition;
Mais quand je suis v'nu' pour l'reprendre,
Madam' n'a plus voulu me l' rendre.

CHOEUR.

Ah! sapristi! ce n'est pas bien!

TOINON.

J'ai dit... elle ne répond rien.

TOUS, descendant.

Ah! sapristi! ça n'est pas bien!

CHOEUR DE GRISETTES.

T'as tort, la boulangère,
On n'agit pas comm' ça.
Nous n' pouvons pas, ma chère,
Tolérer ces chos's-là!
Faut bien vite lui rendre
Son objet, son amant,
Ou bien tu peux t'attendre
A du désagrément.
La halle est fort sévère
Sur ce chapitre-là,
T'as tort, la boulangère,
On n'agit pas comm' ça.

MARGOT.

Est-c' ma faute si mad'moiselle
N'a pas su garder son amant?
Il y a huit jours, il brûlait pour elle,
C'est pour moi qu'il brûle à présent!

TOINON.

Ça n'est pas vrai.

MARGOT.

Toinon!

TOINON.

Margot!

LE CHOEUR.

Pas de querelle!

Faisons venir le beau mitron,
Montez vite, le beau mitron,
Montez, montez, le beau mitron.

SCÈNE XII

LES MÊMES, BERNADILLE, puis CRIQUEBERT.

BERNADILLE.

Voilà ! voilà ! que me veut-on?

DEUX GRISETTES.

Entre ell's deux il faut choisir,
Il faut dir' sans nous fair' languir,
Quelle est celle que tu préfères ?...

BERNADILLE.

Entre vous deux?

MARGOT.

Allons, pas de manières,
Et vite explique-toi.

TOINON.

Celle que tu préfères
C'est moi, n'est-c' pas, c'est moi?

MARGOT.

C'est moi ! c'est moi !

MARGOT et TOINON,

C'est moi! c'est moi !

Bernadille ne répond rien. — Moment de silence.

I

MARGOT.

Eh bien ! quoi qu' t'as ? Ton cœur hésite,
A mes g'noux tu n'es pas déjà?

TOINON.

Tu t'écri's pas tout d' suite :
La v'là! cell' que j'aim' la voilà!...

MARGOT.

J' comprends. T'as peur de lui déplaire;
Te gênes donc pas, tu m' f'ras plaisir.

TOINON.

Tu crains d' vexer la boulangère:
Il n' faut pas craindre, il faut m' choisir !

MARGOT.

Écoute-moi...

TOINON.

Écoute-moi!...

MARGOT et TOINON.

Pour dir' ce que j' ressens pour toi,
Y n'y a qu'un mot, toujours le même,
J' t'aime! je t'aime! je t'aime!

II

MARGOT.

D' ma richess' je n' suis pas fière,
La richess' ne fait pas l' bonheur!

TOINON.

Je n' suis qu'un' pauvre cabar'tière ;
D' ma pauvreté je m' fais honneur.

MARGOT.

Ce cœur, par exemple, je te l' donne,
Il est à toi... tiens... veux-tu voir?...

TOINON.

Pour c' qu' est du cœur, je n' crains personne,
J'en ai tant qu'on en peut avoir.

MARGOT.

Écoute-moi.

TOINON

Écoute-moi.

TOINON et MARGOT.

Pour dir' ce que j' ressens pour toi,
Y n'y a qu'un mot... toujours le même,
Je t'aime! je t'aime! je t'aime!

BERNADILLE, après un temps.

Et dir' que j' connais un tas d' gens
Qui s' figur'nt que c'est agréable
D'être adoré par deux femm's en mêm' temps :
Ils ont bigrement tort, car c'est insupportable !...

LE CHOEUR.

Allons, mitron, il faut choisir.

BERNADILLE.

Ah ! permettez...

LE CHOEUR.

Pas de défaite.

BERNADILLE.

C'est qu'envers l'un' des deux, j'ai peur d'êtr' malhonnête.

MARGOT, TOINON, LE CHOEUR.

Ça ne fait rien... faut en finir,
Il faut choisir... il faut choisir.

Bernadille est poursuivi par les deux femmes ainsi que par les chœurs.

BERNADILLE, se sauvant.

Et dire que j' connais un tas d' gens...

LE CHOEUR, le poursuivant.

Il faut choisir ! il faut choisir !

BERNADILLE, venant au milieu.

Eh bien ! puisqu'il le faut, c'est Toinon que j' choisis.

MARGOT, furieuse.

Tu dis, traître ! tu dis...

TOINON, triomphante.

Il dit qu' c'est moi qu'il aime.

CRIQUEBERT reparaît, il est vêtu en mitron, tout couvert de farine.

Il vous reste un ami...

MARGOT.

C'est bien, laissez-moi tous.

Paraît le commissaire suivi de Flammèche et de Délicat.

SCÈNE XIII

LES MÊMES, LE COMMISSAIRE, FLAMMÈCHE, DÉLICAT.

CHOEUR.

Monsieur le commissaire
Ici que vient-il faire?
Que vient-il faire ici?...

MARGOT.

Le commissaire? où donc est-il le commissaire?

LE COMMISSAIRE, saluant.

Me voici, mon Dieu! me voici...

MARGOT.

Et vous arrivez bien.

LE COMMISSAIRE.

Pourquoi ça?

MARGOT.

Ce coupable
Que vous cherchez pour le mettre en prison,
C'est lui, je vous le livre.

BERNADILLE et TOINON.

O ciel! ô trahison!

LE COMMISSAIRE.

Empoignez-moi ce misérable!

MARGOT, éperdue.

Non... non, ce n'est pas lui!
Ne me croyez pas, j'ai menti.

TOINON.

Ce n'est pas lui!
Elle a menti.

LE COMMISSAIRE.

Empoignez-moi ce misérable!

BERNADILLE.

Mais pourquoi donc m'empoigner ?

LE COMMISSAIRE.

Vous le savez très-bien, monsieur le perruquier.

BERNADILLE.

Perruquier!...

LE CHOEUR.

Perruquier !

LES CHOEURS.

Ce n'est pas lui,
Elle a menti...

LE COMMISSAIRE.

Tu n'échapperas pas
Et tu subiras
La question ordinaire,
Et si c'est nécessaire,
L'extraordinaire.

TOUS.

L'extraordinaire.

TOINON, MARGOT, *suppliantes aux genoux du commissaire.*

Ah! monsieur le commissaire,
La question ordinaire,
La question extraordinaire !
Ah! quel chagrin mortel !
Je pleure! je pleure!
Tu veux donc que je meure,
C'est par trop cruel !
Je pleure! je pleure !
Vois ce tableau touchant.
Je riais tout à l'heure,
Je pleure maintenant.

BERNADILLE.

Je n' suis pourtant pas pleurnicheur,
Mais quand je vois pleurer les belles,
Je n' sais pas, ça m' barbouille le cœur,
Je me mets à pleurer comme elles...

CHOEUR.

Nous sanglotons
Et nous pleurons.

CRIQUEBERT.

Bon ! voilà que je fonds en eau,
Criquebert devient un ruisseau.

DÉLICAT et FLAMMÈCHE.

Bien que not' métier soit d'être sec,
Je me mets à pleurer avec. .

LE COMMISSAIRE.

J'ai beau faire pour résister,
Je sens que je vais éclater.

TOUT LE MONDE.

Nous sanglotons
Et nous pleurons !
Ah ! ah ! ah ! ah !

Flammèche et Délicat en larmes empoignent et entraînent Bernadille pendant que Toinon et Margot se traînent aux pieds du commissaire.

ACTE TROISIÈME

LE POSTE DES SOLDATS DU GUET

Une grande salle au rez-de-chaussée. — Au fond, à gauche, la porte d'entrée conduisant à la rue par une petite galerie; au fond à droite, le cachot. — Un œil-de-bœuf est percé face au public dans le mur du cachot; à gauche grande cheminée — A droite un soupirail. —Tables. — Chaises... — Râteliers pour les fusils.

SCENE PREMIÈRE

SOLDATS, puis LE MERCIER.

Au lever du rideau, une douzaine de soldats assis sur des bancs jouent à la drogue. Quatre soldats ont des drogues sur le nez.

CHŒUR.

Vive le beau jeu de la drogue,
Et tant pis pour celui que maltraitent les dés!...
Il aura beau prendre un air rogue,
Il n'en aura pas moins la drogue sur le nez.

Paraît le mercier, il entre rapidement, agité, effaré.

LE MERCIER.

Au secours, messieurs les soldats,
Je suis dans un grand embarras!

LES SOLDATS, ayant la drogue sur le nez et nasillant.

Bourgeois, ce n'est pas notre affaire,
C'est l'affaire du commissaire.

LE MERCIER.

Des garnements sans foi, ni loi,
Font le diable à quatre chez moi.

LES QUATRE SOLDATS.

Bourgeois, ce n'est pas notre affaire,
C'est l'affaire du commissaire.

LE MERCIER.

A mes filles ils font la cour,
A ma femme ils parlent d'amour...

LES QUATRE SOLDATS.

Bourgeois, ce n'est pas notre affaire,
C'est l'affaire du commissaire...

Un soldat met une drogue sur le nez du mercier.

LE MERCIER, *nasillant à son tour.*

Eh bien ! parlons au commissaire,
Où diable est-il le commissaire?

TOUS LES SOLDATS.

Pour le moment, il n'est pas là,
Revenez quand il y sera...

REPRISE DU CHOEUR.

Vive le beau jeu de la drogue,
Etc., etc...

SCÈNE II

LES MÊMES, LE COMMISSAIRE.

LE COMMISSAIRE.

Aux armes! (*Tout le monde se lève et s'écarte.*) Une dizaine d'hommes pour contenir la foule... je le tiens enfin! il est là, on l'amène... Du papier, des plumes, je vais lui faire subir un interrogatoire préalable...

LE MERCIER.

Monsieur le commissaire...

LE COMMISSAIRE.

Qui êtes-vous?...

LE MERCIER.

Je suis Pacot, le mercier...

LE COMMISSAIRE.

Eh bien! monsieur le mercier, annoncez à vos confrères, annoncez à vos voisins, annoncez à tout le quartier que le conspirateur que nous cherchions est pris... Allez, maître Pacot, allez porter cette bonne nouvelle.

LE MERCIER.

C'est que je voulais vous dire. Il s'est introduit chez moi une douzaine de garnements. Ils font la cour à ma femme, ils font la cour à ma nièce.. ils font la cour à mes demoiselles de boutique... Je venais vous prier de m'en débarrasser.

LE COMMISSAIRE.

Allons, je suis si heureux en ce moment que je ne veux rien vous refuser. (A l'un de ses hommes.) Prenez une demi-douzaine d'hommes et allez voir ce qui se passe chez ce mercier...

LE MERCIER, aux soldats.

Vite, vite, vite, je vous en prie...

Il sort avec les hommes.

LE COMMISSAIRE.

A ma besogne, maintenant! Mais comment n'arrive-t-il pas, j'ai ordonné qu'on lui fît revêtir un autre costume... un conspirateur en mitron, ça n'aurait pas été sérieux... mais il me semble qu'il a eu le temps! Est-ce qu'on l'aurait laissé évader?... (Regardant au dehors.) C'est impossible!... non, le voici...

Entre Bernadille conduit par Flammèche et Délicat.

SCÈNE III

LE COMMISSAIRE, BERNADILLE, FLAMMÈCHE, et DÉLICAT.

LE COMMISSAIRE, très-poli.

Enfin, vous voilà... vous ne sauriez croire combien j'étais pressé de vous voir arriver.

BERNADILLE, non moins poli.

Vous êtes bien honnête...

LE COMMISSAIRE.

Vous m'avez donné de la peine...

BERNADILLE

Je le regrette!...

LE COMMISSAIRE.

J'aime à croire que ces messieurs ont eu tous les égards...

DÉLICAT.

Certainement, patron, certainement.

FLAMMÈCHE, à Bernadille.

N'est-ce pas, monsieur?...

BERNADILLE.

Il y a bien eu un moment où monsieur m'a dit que si je ne marchais pas droit il m'enverrait une balle dans la tête.

LE COMMISSAIRE.

Cela est-il vrai, monsieur Flammèche? Est-ce que vraiment vous avez menacé monsieur?

FLAMMÈCHE.

Bien doucement, mon commissaire, bien doucement.

LE COMMISSAIRE, à Bernadille.

Nécessités du métier, pénibles nécessités... je vous demande pardon pour eux et pour moi...

BERNADILLE.

Je vous pardonne bien volontiers.

LE COMMISSAIRE.

Maintenant je vous demanderai un service.

BERNADILLE.

Je serais heureux de vous le rendre.

LE COMMISSAIRE.

Messieurs, offrez un siége à monsieur. Êtes-vous bien?...

BERNADILLE.

Très-bien.

LE COMMISSAIRE.

Ayez la bonté de me dire votre nom?

BERNADILLE.

Bernadille.

LE COMMISSAIRE.

Votre profession?

BERNADILLE.

Coiffeur, perruquier, faisant la perruque.

LE COMMISSAIRE.

Votre âge?...

BERNADILLE.

Vingt-sept ans.

LE COMMISSAIRE.

Vous ne les paraissez pas...

BERNADILLE.

J'en ai pourtant vingt-neuf...

LE COMMISSAIRE.

Votre dernier domicile?...

BERNADILLE.

Rue de la Huchette...

LE COMMISSAIRE.

Numéro six ?...

BERNADILLE.

Vous le savez...

LE COMMISSAIRE.

Tout aussi bien que vous... Mais ce sont des formalités... si ces formalités n'étaient pas remplies... je ne pourrais pas vous garder ici.

BERNADILLE.

Vous ne pourriez pas me garder...

LE COMMISSAIRE.

Non...

BERNADILLE, gagnant rapidement la porte.

Eh bien !... alors, supposons...

LE COMMISSAIRE.

Eh bien !... eh ...bien !

Délicat et Flammèche ont sauté sur Bernadille.

BERNADILLE, ramené à la scène.

Vous me disiez que si ces formalités n'étaient pas remplies, vous ne pourriez pas...

LE COMMISSAIRE.

Mais elles le sont remplies, elles le sont... et ne l'eussent-elles pas été... vous me paraissez tellement agréable que je n'aurais jamais pu consentir à me priver de votre société...

BERNADILLE.

Oh !... monsieur...

LE COMMISSAIRE.

Je vous assure... Maintenant voulez-vous me parler un peu de la conspiration de monsieur de Cellamare ?

BERNADILLE.

J'en ai déjà beaucoup parlé.

LE COMMISSAIRE.

Alors vous ne voulez pas ?...

BERNADILLE.

Si ça ne vous fait rien...

LE COMMISSAIRE.

Moi, j'aimerais mieux vous en entendre parler... mais du moment que vous aimez mieux, n'en parlons plus...

BERNADILLE.

Mille grâces.

LE COMMISSAIRE.

J'aurais encore un service à vous demander...

Allant ouvrir la porte du cachot

BERNADILLE.

Pendant que j'y suis...

LE COMMISSAIRE.

Ayez la bonté d'entrer là...

BERNADILLE.

Qu'est-ce que c'est que ça ?...

LE COMMISSAIRE.

C'est un cachot dans lequel vous aurez la bonté de rester jusqu'à ce que monsieur le lieutenant de police soit prévenu.

BERNADILLE, après avoir examiné le cachot.

Oh ! je ne peux pas vous promettre ça!

LE COMMISSAIRE.

Pourquoi ?

BERNADILLE.

Parce qu'une fois dans ce cachot, je vous préviens que je ferai tout au monde pour m'évader...

LE COMMISSAIRE.

Vous en avez le droit.

BERNADILLE.

Je vous remercie de vouloir bien le reconnaître...

LE COMMISSAIRE.

Mais nous avons le droit de vous en empêcher.

BERNADILLE.

Naturellement.

LE COMMISSAIRE.

Et vous ne vous fâcherez pas si nous en usons.

BERNADILLE.

Pas plus que vous ne vous fâcherez si j'essaie de m'en aller.

LE COMMISSAIRE.

C'est convenu... Entrez, monsieur.

BERNADILLE, après un petit assaut de politesse.

Après vous, je vous en prie.

LE COMMISSAIRE.

Oh !

BERNADILLE.

Je vous en prie...

LE COMMISSAIRE.

Pardon... je n'entre pas, moi...

BERNADILLE.

C'est juste.

Il fait lentement quelques pas dans la direction du cachot, puis tout d'un coup faisant un crochet, il gagne rapidement la porte de sortie.

LAMMÈCHE et DÉLICAT, sautent encore une fois sur Bernadille et le ramènent en scène.

Eh bien! eh bien...

BERNADILLE.

Vous voyez, j'essayais de m'évader, c'est manqué.

LE COMMISSAIRE.

Si vous n'avez pas d'autres moyens..

BERNADILLE.

J'en ai d'autres....

LE COMMISSAIRE.

A la bonne heure! (Saluant.) Monsieur...

BERNADILLE.

Monsieur...

LE COMMISSAIRE.

Votre serviteur... monsieur... votre serviteur de tout mon cœur.

Bernadille entre dans le cachot après un nouvel assaut de politesse.

SCÈNE IV

LES MÊMES, moins BERNADILLE.

FLAMMÈCHE.

Mes compliments, mon commissaire.

LE COMMISSAIRE.

N'est-ce pas? j'ai été bien...

FLAMMÈCHE.

Vous avez été ce qu'il faut être, énergique et doux.

DÉLICAT.

Ma femme me le disait bien souvent, monsieur le commissaire est comme il faut être, énergique et doux.

LE COMMISSAIRE.

Ah! ta femme te disait....

DÉLICAT.

Oui, patron.....

LE COMMISSAIRE, à Flammèche.

Portez cela à monsieur Leblanc, le lieutenant de police; vous lui direz que le prisonnier est ici et que j'attends des ordres pour savoir ce que je dois en faire.... Mon pauvre Délicat, tu continues à ne pas trouver, pour ta femme...

DÉLICAT.

Non, mais je trouverai.

FLAMMÈCHE, qui allait sortir.

Jamais tu ne trouveras... (Revenant près du commissaire, bas.) Jamais il ne trouvera. Voilà un mois qu'il cherche quel est l'amant de sa femme.

LE COMMISSAIRE, en riant.

Je sais bien.....

FLAMMÈCHE, bas au commissaire.

Et il n'a pas découvert que c'est moi.

LE COMMISSAIRE, stupéfait.

Comment, toi aussi?

FLAMMÈCHE.

Plaît-il, mon commissaire?...

LE COMMISSAIRE, furieux.

Toi aussi, coquin, toi aussi!

Il chasse Flammèche à coups de pied.

LE COMMISSAIRE, redescendant.

Et moi qui me figurais être tout seul....

SCÈNE V

DÉLICAT, LE COMMISSAIRE.

DÉLICAT, du fond.

Mon commissaire... mon commissaire!

LE COMMISSAIRE.

Qu'est-ce qu'il y a?

DÉLICAT.

Ces jeunes gens qui faisaient du tapage chez ce mercier, et que vous avez fait arrêter...

LE COMMISSAIRE.

Eh bien....

DÉLICAT.

Eh bien ! ce sont les pages du Régent.

LE COMMISSAIRE.

Cet imbécile de mercier m'a fait arrêter les pages du régent!...

Ritournelle.— Les pages entrent en scène et très-animés entourent le commissaire.

RAVANNES.

C'est toi qui dis qu'on nous arrête,
Nous, des gens bien nés, des seigneurs.

UN PAGE.

Commissaire, tu perds la tête,
Tu nous prends pour des malfaiteurs.

UN AUTRE PAGE.

Oui, nous avons fait du tapage
Et commis maint tour d'écolier.

UN AUTRE PAGE.

Eh bien! après, c'est de notre âge,
La belle raison pour crier.

RAVANNES.

Apprends à respecter nos droits,
Vil roturier,
Vil policier,
Et sois plus sage une autre fois,
Hou! hou! hou! vilain policier!

TOUS.

Hou! hou! hou! vilain policier!

LE COMMISSAIRE, après le couplet.

C'est un simple malentendu... Vous ne m'en voulez pas?...

LES PAGES, riant

Non... nous ne vous en voulons pas!

LE COMMISSAIRE.

Eh! bien, puisque vous ne m'en voulez pas... messieurs les pages, je vous en prie... vous verrez Son Altesse tout à l'heure..

RAVANNES.

Certainement, si vous voulez bien nous mettre en liberté.

LE COMMISSAIRE.

Vous voulez rire... Je vous en prie... quand vous verrez Son Altesse, assurez-la bien que, dans mes humbles fonctions, je suis le plus dévoué de ses serviteurs... (Paraît Bernadille à l'œil-de-bœuf du cachot) Cet homme, ce conspirateur qui a voulu enlever Son Altesse dans le bois de Boulogne...

TOUS.

Eh bien!...

LE COMMISSAIRE.

J'ai fini par m'en emparer...

UN PAGE.

Vraiment...

LE COMMISSAIRE.

Oui... il est là, enfermé dans cette chambre et bien enfermé, je vous assure.

Bernadille a fait glisser une énorme corde à nœuds par la lucarne de l'œil-de-bœuf. Il est en train d'assujettir la corde à nœuds quand le commissaire se retourne, l'aperçoit et lui crie : Voulez-vous bien rentrer!. . voulez-vous bien!... Délicat et le commissaire bondissent comme s'ils voulaient, en sautant, arriver jusqu'à l'œil-de-bœuf.

BERNADILLE, à son œil-de-bœuf.

Je vous ai dit que j'essaierais de m'évader...

LE COMMISSAIRE.

Et je vous ai dit, moi, que je vous en empêcherais...

BERNADILLE.

C'est manqué!... tout à vous... je profite de l'occasion

messieurs les pages, pour vous présenter mes hommages...

LES PAGES.

Monsieur...

LE COMMISSAIRE.

Votre serviteur. . (Bernadille disparait. — Aux pages.) Vous voyez qu'il est bien gardé, je vous l'avais dit.

RAVANNES.

Et nous le répéterons à Son Altesse.

Rentre Flammèche.

SCÈNE VI

Les Mêmes, FLAMMÈCHE.

LE COMMISSAIRE.

Eh bien?...

FLAMMÈCHE.

Eh bien! le lieutenant de police vous ordonne de bien garder votre prisonnier...

RAVANNES.

Oh! quant à cela, nous sommes témoins...

FLAMMÈCHE.

Et puis il désire vous parler tout de suite...

LE COMMISSAIRE.

J'y vais...

FLAMMÈCHE.

Et puis...

LE COMMISSAIRE.

Il y a encore quelque chose?...

FLAMMÈCHE.

Cette petite qui était auprès du prisonnier quand vous l'avez arrêté...

LE COMMISSAIRE.

Toinon, la cabaretière...

FLAMMÈCHE.

Oui, elle est là... elle voudrait vous voir...

LE COMMISSAIRE.

Ah! mon Dieu!... des larmes, des prières... un jour où je suis si content, si heureux... messieurs les pages si j'osais vous demander...

TOUS.

Quoi donc?...

LE COMMISSAIRE.

Vous vous chargeriez, vous, de recevoir cette petite.

TOUS.

Quelle petite?

LE COMMISSAIRE.

Mademoiselle Toinon; pendant que je m'en irais trouver le lieutenant de police, vous vous chargeriez, vous, de l'écouter et de la consoler.

RAVANNES.

Elle est jolie?...

LE COMMISSAIRE.

Très-jolie!...

UN PAGE.

Elle est jeune?

LE COMMISSAIRE.

Dix-sept ans.

TOUS.

Alors, c'est entendu.

LE COMMISSAIRE.

Je vous remercie.

UN PAGE.

Eh bien, monsieur le commissaire, il n'y a pas de quoi!...

LE COMMISSAIRE.

Et n'oubliez pas, messieurs les pages, quand vous verrez Son Altesse, dites-lui.

TOUS.

Oui, oui, c'est entendu.

LE COMMISSAIRE, à la sentinelle et à deux soldats qui se promènent.

Laissez entrer mademoiselle Toinon ; je cours chez le lieutenant de police ; Flammèche, Délicat, veillez sur le prisonnier... Oh ! quelle journée ! Adieu, messieurs les pages.

Il sort à droite.

SCÈNE VII

LES PAGES, TOINON.

UN PAGE.

Pauvre fille !... il faudrait lui rendre son amoureux !

UN AUTRE PAGE.

Elle est jeune.

RAVANNES.

Elle est jolie...

UN PAGE.

Il faut la recevoir alors, et la recevoir comme nous recevons les femmes jeunes et jolies...

TOUS.

Allons la recevoir !

Entre rapidement Toino

TOINON.

Monsieur le commissaire ? où est le commissaire ? où est le commissaire ?...

TOUS.

Voyons, voyons, calmez-vous !...

TOINON.

On m'a pris mon amant, il faut qu'on me le rende !

TOUS.

Voyons, ma petite !

TOINON.

Où est-il le commissaire ?... où est-il ?...

RAVANNES.

Il vient de partir...

TOUS.

Il vient de partir...

TOINON.

Il n'aura pas voulu m'écouter.

RAVANNES.

Il aurait été là, il n'aurait rien pu vous accorder.

TOINON.

Je l'aurais tant supplié!...

RAVANNES.

Vous auriez eu beau le supplier... Non, vraiment si vous tenez à sauver celui que vous aimez...

TOINON.

Je crois bien que j'y tiens.

RAVANNES.

Eh bien... il faudrait...

TOINON.

Il faudrait...

RAVANNES.

C'est difficile, je vous en préviens...

TOINON.

Qu'est-ce que c'est?...

RAVANNES.

Nous allons, nous, rentrer chez Son Altesse, au Palais-Royal.

TOINON.

Oui...

RAVANNES.

Il faudrait y venir avec nous...

TOINON.

Jamais, par exemple.

RAVANNES.

C'est le seul moyen, je vous l'assure...

TOINON.

Aller chez le Régent...

RAVANNES.

Vous hésitez?...

TOINON.

Je crois bien que j'hésite.

TOUS.

Pourquoi cela?...

TOINON.

Ah! dame! voilà!...

I

Je sais qu'on n' trouv'rait pas en France
D'homm' plus aimabl' que monseigneur,
D'un côté, ça me donn' confiance,
Mais de l'autr' ça m' fait un peu peur...
Un' fois près d' lui, gare la chute!
Mon amant m' tient au cœur, c'est clair!
J' veux avoir sa grâc'... mais minute,
Je n' veux pas la payer trop cher!...
Or, voyez-vous, je sais très-bien,
C'est c' qui m' chiffonne!
Je sais fort bien que l'on ne donne,
Que l'on ne donne rien pour rien.

TOUS.

C'est un peu vrai que l'on ne donne,
Que l'on ne donne rien pour rien.

TOINON.

II

S'il n' s'agissait que d' quéqu' bêtise...
On pourrait s' faire un' raison,
Mais, vot' régent, faut que j' vous l' dise,
N'a pas une bonn' réputation.

Mouvement des pages.

Vous m' jurez, vous qu'il sera bien sage,
De sa vertu vous êt's garants.
Soit, mais j'y croirais davantage,

S'il avait d' meilleurs répondants.
Or, voyez-vous, je sais très-bien,
C'est c' qui m' chiffonne!
Je sais fort bien que l'on ne donne,
Que l'on ne donne rien pour rien!...

REPRISE PAR TOUT LE MONDE.

C'est un peu vrai que l'on ne donne,
Que l'on ne donne rien pour rien!

RAVANNES.

Ainsi, malgré notre promesse,
Vous croyez qu'au Palais-Royal,
On manque de délicatesse.
Ah! c'est mal, Toinon, c'est bien mal.

TOUS LES PAGES.

Oui, c'est bien mal!...

TOINON.

Qu'est-c' que vous voulez?... moi j'ai peur...

RAVANNES.

Vous faut-il not' parol' d'honneur?...

TOINON, hésitant.

Vous m' donnez vot' parol' d'honneur?...

LES PAGES.

Parol' d'honneur!

TOINON.

Bien vrai, bien vrai?...

LES PAGES.

Parol' d'honneur!

TOINON.

Eh bien! alors, ma foi, j' vous suis... au p'tit bonheur!
Et cependant je sais fort bien,

Je sais fort bien
Que l'on ne donne rien pour rien.

TOUS

C'est un peu vrai que l'on ne donne,
Que l'on ne donne rien pour rien.

Les pages sortent et emmènent Toinon. — Cette sortie démasque Flammèche et Délicat qui sont en train de jouer aux cartes sur un banc.

SCÈNE VIII

FLAMMÈCHE, DÉLICAT, *puis* UN AGENT.

DÉLICAT, *tenant le roi.*

Le roi!...

FLAMMÈCHE, *furieux.*

Trois fois le roi !... (*Il donne deux énormes gifles à Délicat. Celui-ci se lève indigné. — Petite pause.. Promenade silencieuse des agents, puis Flammèche revient à Délicat et continuant tranquillement la conversation.*) Pauvre petite Toinon !... Elle l'aime bien son amant.

DÉLICAT.

Elle a le droit d'avoir un amant, elle n'est pas mariée... tandis que ma femme..

FLAMMÈCHE.

Ta femme... ta femme... veux-tu que je te dise ce que c'est que ta femme ?...

DÉLICAT.

Je veux bien...

FLAMMÈCHE.

Eh ! bien, c'est... c'est... ce n'est pas grand'chose...

DÉLICAT.

Tu as bien fait de me dire ça ! Si tu ne m'avais pas dit ça j'allais te soupçonner. (*Entre un homme du guet.*) Qu'est-ce qu'il y a?...

L'HOMME DU GUET.

Le prisonnier, il se sauve!... Il est sur les toits, nous venons de l'apercevoir....

DÉLICAT.

Sur les toits!... le prisonnier.

L'HOMME.

Oui. .

FLAMMÈCHE, *ouvrant la porte du cachot.*

C'est vrai, il est parti... allons vite... (*A des soldats qui rentrent précipitamment.*) Prenez vos fusils.. et feu sur lui si nous l'apercevons...

Flammèche et Délicat sortent en poussant devant eux les soldats qui ont pris leurs fusils.

SCÈNE IX

LES MÊMES, BERNADILLE, *dégringolant par la cheminée, aveuglé par la poussière, la suie.*

Patatras!.. je suis descendu un peu vite, mais ça ne fait rien, je suis sauvé... Diable de poussière, je n'y vois pas... Je me suis sauvé par la fenêtre... J'ai fini par arriver sur les toits... j'ai entendu des cris.... J'ai vu des hommes qui se préparaient à me poursuivre, je suis entré dans la première cheminée venue. Maintenant, il faut que je sache un peu où je suis... Diable de poussière... je n'y vois pas... et puis cette suie... Ah ça! mais... je connais ça, cette porte ouverte... c'est le cachot où j'étais tout à l'heure. Je suis retombé dans le poste qu'est-ce que ça fait puisqu'il n'y a personne... ils sont en train de me chercher sur les toits... partons (*Il arrive à la grille, en ce moment quatre hommes passent dans la rue en courant de gauche à droite.*) Ah! diable! non, ils ne sont pas tous sur les toits!.. sauvons-nous par la cheminée.

Il remonte dans la cheminée. A peine a-t-il disparu qu'on entend dans l'intérieur de la cheminée le dialogue suivant.

FLAMMÈCHE, dans la cheminée.

Qui vive!

BERNADILLE, dans la cheminée.

Ami.

DÉLICAT, dans la cheminée.

Au nom de la loi, je vous arrête!...

Après ces trois répliques, grand brouhaha.— Bernadille, Flammèche et Délicat se disputent et se battent dans la cheminée. Tous les trois parlent à la fois.— On entend Bernadille crier : C'est manqué, c'est manqué; je trouverai autre chose.— La canne de Flammèche, le parapluie de Délicat, les chapeaux des agents tombent de la cheminée. Un chat, dérangé par cette bataille dans la cheminée, sort de la cheminée. Bernadille, Flammèche et Délicat tombent enfin tous les trois de la cheminée, se tenant étroitement serrés.— Petite lutte sur la scène.

DÉLICAT et FLAMMÈCHE.

A nous!... à nous!...

Tous les hommes du guet entrent.

BERNADILLE.

Eh! mon Dieu!... il y a pas besoin de faire tant de bruit.. c'est une affaire manquée... Eh bien!... voilà tout. Je vais rentrer chez moi... et je tâcherai de trouver autre chose...

FLAMMÈCHE.

Oui, rentrez et dépêchez-vous...

Il bouscule Bernadille.

BERNADILLE.

Pas de violence...Pas de violence... Je sais où c'est... je rentre... vous voyez... je rentre... je sais où c'est...

Il cherche encore à s'évader par la porte.

FLAMMÈCHE et DÉLICAT, le rattrapant.

Eh bien... eh bien!

BERNADILLE.

C'est encore manqué!.. C'est la cinquième fois que c'est manqué...

Flammèche et Délicat le poussent dans le cachot et en referment la porte.

SCÈNE X

FLAMMÈCHE, DÉLICAT, EXEMPTS.

DÉLICAT.

Oh ! mais, est-ce qu'on ne va pas nous débarrasser de ce prisonnier-là ? il est insupportable !...

BERNADILLE, à l'œil-de-bœuf.

Messieurs...

FLAMMÈCHE.

Encore...

BERNADILLE.

Je vous demanderai une brosse... si ça ne vous fait rien... Je me suis sali dans cette cheminée.

FLAMMÈCHE.

Veux-tu bien descendre... (Bernadille disparaît.) Ah ! quel métier !... J'ai chaud !

DÉLICAT.

Et soif donc !...

FLAMMÈCHE.

Le fait est qu'il ne serait pas désagréable de boire quelque chose.

On entend du dehors le tin tin tin d'un marchand de coco et la voix de Criquebert criant : A la fraîche! qui veut boire! A la fraîche ! — Paraissent en marchand et en marchande de coco Margot et Criquebert.

SCÈNE XI

LES MÊMES, CRIQUEBERT, MARGOT.

FLAMMÈCHE.

Venez par ici la marchande.

LES CHOEURS.

Venez par ici la marchande.

MARGOT et CRIQUEBERT.

On nous demande... on nous demande.

FLAMMÈCHE, DÉLICAT.

Donnez-nous de votre coco,
Ça vaudra toujours mieux que d' l'eau!

LES CHOEURS.

Ça vaudra toujours mieux que d' l'eau!...

MARGOT.

Que de l'eau!

FLAMMÈCHE et DÉLICAT.

Que de l'eau!

MARGOT.

Que de l'eau!

Criquebert, dès son entrée, s'est mis à verser à boire aux soldats.

MARGOT.

I

Avant d' dir' qu'un' chose est mauvaise,
Il faudrait d'abord la goûter,
Mon coco, ne vous en déplaise,
A tout c' qu'il faut pour contenter.
Sa couleur n'est pas ordinaire,
Si vous en doutez, regardez,
Quant au goût, tendez votre verre,
J' suis sûr que vous en r'demand'rez.

CRIQUEBERT.

A deux liards le verre, à deux liards!

MARGOT.

A deux liards le verre! à deux liards!
Buvez-moi ça,

Goûtez-moi ça,
Pas vrai, qu'il est bon c' coco-là!

TOUS.

C'est vrai qu'il est bon c' coco-là!

MARGOT.

II

Il y a pourtant du monde assez bête
Pour aller dans les cabarets...
S' faire avoir très-mal à la tête
Par des vins fabriqués exprès.
Parlez-moi d'un' liqueur qu'est saine,
Douce au gosier comm' du satin,
C'est pas plus méchant qu' l'eau d' la Seine,
Et ça grise comm' du chambertin.

CRIQUEBERT.

A deux liards le verre ! à deux liards!

MARGOT.

A deux liards le verre ! à deux liards !
Buvez-moi ça,
Goûtez-moi ça,
Pas vrai qu'il est bon c' coco-là.

TOUS.

C'est vrai qu'il est bon c' coco-là!

FLAMMÈCHE et DÉLICAT, parlé.

Du vin!... Mais c'est du vin !...

MARGOT, parlé.

Et du fameux !...

Margot et Criquebert versent à boire aux soldats.

CHŒUR DES SOLDATS.

Ah ! quel coco! quel bon coco!
Quel coco!. .

Buvons, buvons à gogo !
Buvons à tire larigo !
Buvons tous de ce bon coco !
Ah! quel coco ! quel bon coco !...

Margot et Criquebert sur la fin de ce chœur se débarrassent des fontaines qu'ils portaient sur le dos.

MARGOT, prenant à part Flammèche et Délicat pendant que Criquebert continue à verser à boire aux hommes du guet.

Ecoutez maintenant !

FLAMMÈCHE.

Tiens... c'est la boulangère.

DÉLICAT.

C'est la boulangère aux écus.

FLAMMÈCHE.

Ici que v'nez-vous faire ?

MARGOT.

Pas de mots superflus.
Je viens vous acheter... Combien vous vendez-vous ?

DÉLICAT.

Le plus cher possible.

MARGOT.

Filous !...

FLAMMÈCHE.

Le plus cher possible !...

CRIQUEBERT.

Filous !...

Margot tire une liasse de billets de caisse de sa poche.

MARGOT.

Vingt mille écus comptant ! Ça va-t-il ?...

FLAMMÈCHE et DÉLICAT, prenant l'argent.

Ça nous va !

MARGOT, montrant les hommes du guet.

Eh bien ! renvoyez-moi d'abord ces gaillards-là.

FLAMMÈCHE.

Nous allons dans Paris faire faire une ronde.

MARGOT, CRIQUEBERT.

Va pour la ronde !...

DÉLICAT, FLAMMÈCHE.

Allons ! aux armes tout le monde !...

MARGOT, CRIQUEBERT, DÉLICAT, FLAMMÈCHE.

Allons, aux armes tout le monde !

TOUS LES HOMMES DU GUET prennent leurs fusils, ils sont un peu gris.

Allons ! aux armes tout le monde !

CRIQUEBERT.

Vingt mille écus ! à quoi donc pensez-vous ?
Vous auriez pu les avoir pour cent sous

Les soldats se placent sur deux rangs.

FLAMMÈCHE.

Allez voir dans la ville...

DÉLICAT.

Braves soldats du guet,

FLAMMÈCHE.

Si tout est bien tranquille,

DÉLICAT.

Ou du moins le paraît !

FLAMMÈCHE.

En passant dans la rue,

DÉLICAT.

Tâchez pour les bourgeois

FLAMMÈCHE.

D'avoir bonne tenue...

DÉLICAT.

Et de vous tenir droits...

FLAMMÈCHE.

Soyez impitoyables

DÉLICAT.

Pour les gens malfaisants,

FLAMMÈCHE.

Mais montrez-vous aimables

DÉLICAT.

Pour les simples passants.

FLAMMÈCHE.

Dans notre rôle en somme,

DÉLICAT.

Il n'est rien de mesquin.

FLAMMÈCHE.

Effrayer l'honnête homme,

DÉLICAT.

Rassurer le coquin.

FLAMMÈCHE.

Vous marcherez très-vite.

DÉLICAT.

Une heure, montre en main.

FLAMMÈCHE.

Et reviendrez ensuite

DÉLICAT.

Par le même chemin.

FLAMMÈCHE.

Vous sentez, je suppose,

DÉLICAT.

Qu'il faut en revenant,

FLAMMÈCHE.

Faire la même chose.

DÉLICAT.

La même qu'en allant...

FLAMMÈCHE et DÉLICAT.

Allez voir dans la ville,
Braves soldats du guet.
Etc., etc.

LES SOLDATS.

Allons voir dans la ville,
Braves soldats du guet,

Ils sortent trébuchant et marchant de travers.

SCÈNE XII

MARGOT, CRIQUEBERT, DÉLICAT, FLAMMÈCHE.

CRIQUEBERT.

Là! Et maintenant que nous sommes seuls...

MARGOT.

Vous êtes à moi, n'est-ce pas?...

DÉLICAT.

Nous sommes d'honnêtes gens... vous nous avez achetés, nous sommes à vous ..

MARGOT.

Eh bien, ce prisonnier que vous avez arrêté chez moi tout à l'heure...

FLAMMÈCHE.

Ce prisonnier que vous nous avez livré...

MARGOT.

Oui... il faut le mettre en liberté.

FLAMMÈCHE.

Oh! comme c'est bien femme cela!... comme c'est bien femme. (A Criquebert.) Remarquez-vous, monsieur, comme c'est bien femme... Tout à l'heure... elle le livrait... maintenant...

CRIQUEBERT.

Monsieur, je vous prie de me laisser tranquille. Je veux bien me sacrifier, mais je ne veux pas qu'on me fasse remarquer ce que ma situation a de pénible... Il ne s'agit pas de ça... où est-il ce prisonnier, où est-il?...

DÉLICAT.

Il est là...

MARGOT.

Vite... vite, alors... ouvrez la porte. (Flammèche et Délicat courent ouvrir la porte du cachot. Pendant ce temps Margot dit à Criquebert.) C'est bien ce que vous faites là...

CRIQUEBERT.

Vous y viendrez, patronne!...

FLAMMÈCHE.

Tiens, il n'y est plus...

DÉLICAT.

Il aura encore essayé quelque évasion... où peut-il être?...

BERNADILLE, paraissant dans le soupirail.

A moi!... à moi!... tirez-moi de là!... je ne peux plus bouger... Tirez-moi de là!...

CRIQUEBERT, se précipitant.

Certainement, je vais vous tirer de là, certainement, certainement...

MARGOT.

Oh! tout ce que j'aime!...

Tout le monde se met à tirer Bernadille, il finit par sortir du soupirail et par se mettre sur ses pieds

BERNADILLE, serrant la main de Criquebert.

Bon et excellent homme. (A Margot.) C'est vous, madame...

MARGOT.

Oui, c'est moi, moi qui t'ai livré ; me pardonneras-tu jamais ?...

BERNADILLE.

Eh bien... oui... je vous pardonne... parce qu'il y avait plus d'amour qu'on ne suppose...

MARGOT, l'interrompant.

Oh ! oui, il y en avait.

BERNADILLE, aux exempts.

Quant à vous, messieurs, je sais ce que j'ai à faire. C'est encore manqué, je n'ai qu'à rentrer...

DÉLICAT et FLAMMÈCHE.

Mais non, mais non...

BERNADILLE, voulant absolument rentrer dans son cachot.

Je veux rentrer, je veux rentrer.

FLAMMÈCHE, et DÉLICAT.

Vous ne rentrerez pas...

BERNADILLE.

Mais qu'est-ce qu'ils ont ?... Je veux rentrer.

MARGOT.

Mais non .. mais non... ces hommes sont à moi... Tu es libre et nous n'avons qu'à nous en aller.

BERNADILLE.

Allons-nous-en, alors !...

Entre le commissaire.

SCÈNE XIII

LES MÊMES, LE COMMISSAIRE.

LE COMMISSAIRE.

Qu'est-ce que ça veut dire?... Le prisonnier en liberté... La boulangère...

MARGOT.

Oui... c'est moi... j'ai déjà acheté ces deux messieurs, je vous achète aussi.

CRIQUEBERT.

Combien voulez-vous?

LE COMMISSAIRE, *désolé.*

Ah! sapristi!... Dans un autre moment, je vous assure que je n'aurais pas mieux demandé... mais maintenant c'est impossible.

CRIQUEBERT.

Allons donc!.....

LE COMMISSAIRE.

Oui, le lieutenant de police qui vient de me féliciter de cette capture..... mon avenir. Non, vraiment, il n'y a pas moyen. Croyez que je regrette...

MARGOT.

Il n'y a pas moyen?...

LE COMMISSAIRE.

Je vous assure... Il faut que le prisonnier rentre là...

MARGOT.

Autre chose alors, puisque cela n'est pas possible. (*A Dédicat et à Flammèche.*) Ayez la bonté de sauter sur monsieur le commissaire.

LE COMMISSAIRE.

Comment, vous osez!...

DÉLICAT et FLAMMÈCHE.

Nous sommes vendus, mon cher ami, nous sommes vendus...

CRIQUEBERT.

Otez-lui sa robe.

DÉLICAT.

Voilà !..

MARGOT à Bernadille.

Mets vite la robe !... (A Criquebert qui aide Bernadille.) C'est bien, ce que vous faites-là,... c'est très-bien.

BERNADILLE à Criquebert.

Bon et excellent homme!...

FLAMMÈCHE, montrant le commissaire.

Et lui, qu'est-ce qu'il faut faire de lui ?

Le commissaire gagne rapidement la porte en répétant exactement la tentative d'évasion faite par Bernadille. — Flammèche et Délicat sautent sur lui et le ramènent en scène.

LE COMMISSAIRE.

C'est une affaire manquée ... je vais chercher autre chose.

MARGOT.

Mettez-le dans le cachot....

LE COMMISSAIRE.

Je m'évaderai, je dois vous en prévenir, je trouverai moyen de m'évader...

BERNADILLE.

C'est votre droit.

LE COMMISSAIRE bousculé par Flammèche et Délicat.

Pas de violence...Pas de violence...je sais où c'est.

Il entre dans le cachot.

SCÈNE XIV

MARGOT, BERNADILLE, CRIQUEBERT, FLAMMÈCHE, DÉLICAT, puis TOINON, LES PAGES, puis LE COMMISSAIRE.

MARGOT.

Pourrons-nous enfin partir cette fois?...

Rumeurs au dehors.

CRIQUEBERT.

Eh bien! non, nous ne pourrons pas... voici la patrouille qui revient...

Retour de la patrouille; mais au moment où les soldats rentrent en scène Toinon se précipite... et la foule à sa suite envahit le poste.

TOINON.

Il a sa grâce... la voilà... mettre en liberté le nommé Bernadille.

BERNADILLE.

Libre, je suis libre... C'est toi, ma petite Toinon, c'est toi qui m'as sauvé.

MARGOT.

Eh bien!... et moi...

BERNADILLE.

Toi aussi, la boulangère... C'est vous... Ah! que c'est bon d'être aimé par deux femmes...

MARGOT.

Et maintenant, Toinon, garde-le; si je tenais à le sauver, c'était pour te le rendre.

TOINON.

Et toi ?...

MARGOT.

Moi, j'ai mon affaire. Je suis décidée à récompenser le dévouement obscur, l'affection patiente d'un honnête homme.

CRIQUEBERT.

Vous y êtes venue : vous m'aimez.

MARGOT.

Non ; vous n'êtes pas de ceux qu'on aime.

CRIQUEBERT.

Ah !

MARGOT.

Mais vous êtes de ceux qu'on épouse.

CRIQUEBERT.

Ah !...

MARGOT.

Tout ce que je demande, c'est le droit de faire les frais des deux noces !...

BERNADILLE.

Faut lui accorder ça...

Grand bruit souterrain. Une trappe s'ouvre au milieu du théâtre. Le commissaire sort de cette trappe.

LE COMMISSAIRE.

Je vous avais bien dit que je m'évaderais. (Voulant sauter sur Bernadille.) Rends-moi ma robe, scélérat!

TOINON, remettant un papier au commissaire.

Il a sa grâce.

TOUS.

Il a sa grâce.

LE COMMISSAIRE, après avoir examiné le papier.

C'est ma foi vrai qu'il a sa grâce... j'en suis fort aise...

BERNADILLE.

Et si je l'osais, je vous prierais...

LE COMMISSAIRE.

Quoi donc?...

BERNADILLE.

De venir à ma noce.

MARGOT.

Et moi à la mienne... Je vous invite tous.

TOUS.

Vive la boulangère!...

FINALE.

MARGOT et TOINON, au public.

Il faudrait pour que la fête
Fût complète...

BERNADILLE.

Disons-le franchement.

MARGOT.

Et bien poliment.

TOINON.

Si vous vouliez être aimables,
Si vous promettiez d'être gentils,

MARGOT.

On ferait agrandir les tables
Comm' c'est l'usag' pour les amis.

BERNADILLE.

Vous aussi, vous seriez de la fête,
Et tous ensemble à qui mieux mieux,

MARGOT, TOINON.

Nous répéterions à tue-tête
Le gai refrain de nos aïeux :
La boulangère a des écus

Qui ne lui coûtent guère,
Etc.

LE CHOEUR.

La boulangère a des écus,
Etc.

FIN

CHATILLON SUR SEINE. — IMPRIMERIE E. CORNILLAC.

www.ingramcontent.com/pod-product-compliance
Lightning Source LLC
LaVergne TN
LVHW020354230826
846091LV00003B/1107

* 9 7 8 2 0 1 9 1 3 8 4 8 6 *